보스와 통하는 47가지 직장병법

누가 오래가는가

보스와 통하는 47가지 직장병법

누가 오래가는가

회사와 동반성장하는 인재들에게는 그들만의 노하우가 있다

문성후 지음

21세기북스

오래가는 사람들에게는 특별한 노하우가 있다

제 머릿속에는 18년이 지난 지금까지도 잊을 수 없는 한 '장면'이 있습니다. 제 눈앞에 처음 보는 외국인 보스가 앉아 있었죠. 잠시 제 얼굴을 바라보던 그가 조용히 말했습니다.

"You have to resign(당신은 해고됐습니다)."

저는 그때 정신줄을 잠깐 놨던 것 같습니다. '사임하다(resign)'을 '사인을 다시 하라(re-sign)'는 말로 알아들었으니까요. '무슨 사인을 다시 하란 말이지?'라는 표정으로 멍하니 있던 제 머릿속에 마침내 '해, 고'라는 두 글자가 떠오른 순간, 뒤통수를 세게 얻어맞은 듯한 충격을 느꼈습니다. 온갖 분노와 수치심, 배신감에 얼굴이 하얗게 질렸고, 자리에 돌아오자마자 짐을 싸 그 길로 회사를 떠나야 했습니다.

그렇게 저는 서른다섯 나이에 처음으로 회사에서 해고당했습니다. 1998년 IMF 구제금융의 광풍이 몰아치던 때였죠. 그때는 큰 회사도 여럿 도산하고 외국 기업에 인수 합병되어서 하루에도 수십, 수백 명씩 잘릴 때였지만 저만은 살아남을 줄 알았습니다. 미국에서 MBA 과정을 마치자마자 스카우트된 회사에서 6개월 만에 잘릴 거라곤 상상도 못 했으니까요. 하지만 그 위기의 순간, 제가 그토록 힘들게 쌓아왔던 스펙은 저를 구원하지 못했습니다. 제가 잘린 이유는 단 하나, 살생부 명단에 오른 저를 위해 어떤 인사권자도 나서서 방패막이가 돼주지 않았기 때문이었습니다. 한마디로 '잘 모르는 사람'이고 '안 아픈 손가락'이라는 이유로 잘린 거죠.

솔직히 고백하자면 저는 직장에서 오랫동안 '은따(은근히 왕따)'였습니다. 아무리 열심히 일해도 인정을 못 받고, 높은 성과를 내도 승진은 다른 사람 몫이었습니다. 뭔가 중요한 것을 놓치고 있다는 느낌, 혼자만 겉돌고 있다는 찝찝함이 저를 불안하게 했지요. 그런데 회사에서 잘리고 나서야 비로소 제가 '은따'를 당했던 이유가 선명하게 보이기 시작했습니다.

그건 바로 직장 상사, 즉 보스를 대하는 태도 때문이었습니다. 내성적이고 낯을 가리는 성격이다 보니 같이 밥을 먹고 술을 마셔도 윗분들과 늘 어색했어요. 그저 맡은 일만 잘하면 된다는 생각으로 학창 시절 선생님에게 숙제 검사를 받듯이 보스를 대했습니다.

저에게 직장 상사는 보고서에 사인해주는 결재자일 뿐이었던 것이죠.

그러나 다른 사람들은 달랐습니다. 윗분을 수시로 찾아가 의견을 듣고 자신의 성과를 어필하는 등 어떻게든 그분과 거리를 좁히려고 노력하더군요. 처음에는 '아부'라고 생각했죠. 실적이 안 좋으니까 그걸 만회하려고 아부하는 거라고요. 하지만 그건 저만의 착각이었습니다. 그들은 알고 있었던 거예요. 보스를 자기편으로 만들어야 직장에서 오래갈 수 있다는 것을 말이죠.

회사 생활의 8할은
보스에게 달렸다

──────────── 흔히 직장인에게 필요한 덕목으로 커뮤니케이션 능력, 팀워크, 네트워크, 팔로워십(followership) 등을 꼽습니다. 하지만 화려한 포장지를 벗겨내면 결국 핵심은 하나예요. 보스에게 잘해서 성과를 내라는 겁니다. 보스에게 충성해서 결국에는 보스 자리로 올라가라는 거예요. 너무 노골적이어서 입 밖으로 꺼내지 않을 뿐이지, 직장이라는 전쟁터에서 살아남아 꼭대기까지 올라가는 사람들은 모두가 보스와의 관계 맺기에 탁월한 능력을 가지고 있습니다. 모든 보스는 회사와 자신의 보스를 자기편으로 만드는 방법, 즉 '보스 전략'을 자유자재로 활용할 줄 아는 사람

들이란 겁니다.

저의 22년 직장 생활도 보스라는 존재를 빼놓고는 설명이 안 됩니다. 영문도 모르고 하루아침에 해고된 것도 보스 때문이었고, 살생부에 적힐 뻔한 위기를 모면하게 해준 것도 보스였습니다. 스펙을 쌓는 것도 좋고 인맥을 넓히는 것도 좋지만, 나의 생사여탈을 손에 쥔 보스와 좋은 관계를 만드는 것이 직장이라는 전쟁터에서 살아남는 가장 확실한 방법이라는 거지요.

말하자면 직장인에게 보스는 성과를 결정하는 '밥줄'이자 성장을 도와주는 '탯줄', 수명을 연장하는 '동아줄'인 셈입니다. 그런데 이렇게 중요한 '3줄'인 보스와 어떻게 지내야 하는지 알려주는 사람도 없고, 『손자병법』처럼 정리된 책자가 있는 것도 아니에요. 갈수록 윗사람과 아랫사람의 격차는 벌어지고 있는데, 어느 누구도 서로가 어떻게 관계를 맺어야 하는지 얘기해주는 이가 없습니다.

상명하복과 권위주의적 조직 문화가 대세였던 과거에는 윗분의 소위 '갑질'도 그러려니 하고 넘겼습니다. 하지만 요즘엔 다릅니다. 대졸 신입 사원 4명 중 1명이 입사 1년도 채 되지 않아 직장 상사와의 갈등 때문에 어렵게 들어간 직장을 그만둘 정도지요. 황당한 지시, 반말이나 막말처럼 무례한 행동, 앞뒤가 다른 의사 결정 등 보수적이고 권위적인 보스를 도저히 견디지 못하는 겁니다.

어디 이뿐인가요? 윗분과의 관계를 어려워하는 젊은 직장인도 갈수록 늘고 있습니다. 또래 동료와는 잘 어울리는데 나이 차이가 많이 나는 윗분과는 눈도 못 마주치는 직장인이 수두룩합니다. 일상적인 보고는 물론이고 사표까지 문자메시지나 SNS로 대신하는 젊은 직장인도 적지 않지요. "직장인이 일만 잘하면 되지, 윗분과 잘 지내는 게 뭐가 중요하냐"고 말하는 후배 직장인도 많이 봤습니다.

회사 내 세대 차이,
불통의 평행선

──────────────── 반대의 경우도 그렇지요. 직장 생활의 기본이 윗사람과 잘 지내는 것이듯, 윗사람에게도 아랫사람과 잘 지내는 것이 무엇보다 중요합니다. 아랫사람의 성공이 곧 윗사람의 실적이 되니까요. 하지만 상사들 역시 부하 직원인 젊은 직장인들과 어울리는 것을 어려워합니다. 도대체 무슨 생각을 하고 있는지 도통 모르겠다는 윗사람이 적지 않아요. 그런데 모른다고 하면 쪽팔리니까 아는 척 가만히 있는 거예요. 윗사람과 아랫사람이 서로 침묵 속에서 불통의 평행선을 걷고 있는 셈이죠.

그러나 나이 많은 윗사람과 나이 어린 아랫사람이 서로를 이해하고 함께 일하는 방법을 배워가는 건 단순히 좋은 팀워크를 이뤄야 한다는 당위에서 한발 더 나아가 기업의 생존을 가늠하는 잣대가 되고 있습니다.

그래서 이 책을 썼습니다. 관계에 서툰 후배 회사원들이 직장 상사, 즉 보스를 보다 깊이 이해하고 앞으로 어떻게 관계를 맺어가야 할지 실마리를 찾을 수 있도록 저의 22년 회사 생활의 엑기스를 담았습니다. 저성장 시대에 고성과자가 될 수 있는 가장 확실한 '보스와 통하는 47가지 직장병법'을 구체적인 사례와 현실적인 솔루션으로 정리했습니다. 덤으로 아랫사람과의 소통을 어려워하는 윗사람들을 위한 깨알 팁도 빼먹지 않고 중간중간 실었고요.

지금 이 순간에도 윗분의 '갑질' 때문에 어려움을 겪고 있는 후배 직장인이 많을 겁니다. '싸가지 없는' 부하 직원 때문에 골머리를 썩고 있는 보스도 적지 않겠지요. 이 책이 그들에게 서로 소통하는 단초가 되면 좋겠습니다. 소통은 트일 소(疏), 통할 통(通) 자를 쓰죠. 확 트여서 통하는 것, 막힘없이 이어지는 것이 '소통'이 뜻하는 바인 만큼 끊어져선 안 됩니다. 그렇게 '오래가는 소통'은 단순한 말솜씨나 요령, 아부 같은 순간의 기술로 한 번에 얻어질 수 있는 게 아니죠. 상대에 대한 진심 어린 배려와 '나다운 노력'으로 마일리지를 적립하듯 오랫동안 차곡차곡 쌓아가는 것임을 가장 강조하고 싶습니다.

그렇게 서로 통해야 우리 모두 '오래'갈 수 있어요. '오래가다'의 기준은 사람마다 상황마다 다르겠지만, 중요한 것은 그 직장에서 타인에 의해 생사여탈권을 뺏기는 일 없이 자신이 원할 때까지 일한다는 의미입니다. 이왕이면 '가늘고 길게'가 아니라 '힘 있게, 고

성과로' 직장 장수를 누리는 것 말이죠. 그것을 가능하게 만드는 만능열쇠이자 그것을 가로막는 견고한 자물쇠가 바로 직장 내 인간관계, 특히 직장 상사와의 관계입니다. 그 문을 열지 못하면 그를 견디지 못해 내가 스스로 사표를 던지거나, 혹은 그로 인해 밀려나는 위기가 직장 생활 내내 끊임없이 닥칠 테니까요.

제가 세상에서 가장 존경하고 사랑하는 분은 어머니입니다. 어머니는 항상 말씀하셨죠. "어디서든 윗분을 잘 모셔라. 너 혼자 똑똑하다고 되는 것이 아니다." 그 말씀의 의미를 직장 생활 10년 만에 깨달았습니다. 아마도 후배 직장인의 부모님도 같은 말씀을 하실 겁니다. '천만매린(千萬買隣)'이라는 말처럼 천만금을 주고도 살 수 없는 것이 바로 곁에 있는 사람입니다. 직장인들에게는 바로 자신의 보스겠죠. 모든 후배 직장인이 보스 전략을 통해 원하는 성공을 이루길 바랍니다.

2016년 10월
모든 직장인의 선배
문성후 씀.

| 차례 |

PART 2

BAD BOSS:
좋은 라인을 당기는 힘, 나쁜 라인을 밀어내는 힘

PART 4

BOSS MILEAGE:
긴 승부의 시작, 지금 당장 실행하라

PART 1

REAL BOSS:
누가 나와 오래갈 진짜 보스인가

출근… 오늘도 나는 직장 상사를 만나러 회사에 간다.

일만 미루는 김 과장, 정신없이 바쁜 이 부장,

눈 마주치기도 힘든 박 상무님…

이들 중에 내 진짜 보스는 누구일까.

당신의 스펙에 내비게이션이 필요하다

독서망양(讀書亡羊)
글을 읽는 데 정신이 팔려서 먹이고 있던 양을 잃었다는 뜻으로,
한눈을 팔다가 낭패를 봄을 이르는 말.

스펙, 직장인들에게는 애증의 단어죠. 사원증 목에 걸어보겠다고 취업준비생 시절 토익에 자격증에 학점까지, 소위 말하는 '스펙 3종 세트'에 매달려 살았으니까요. 그런데 직장인이 돼서도 '스펙 전쟁'은 끝날 기미가 안 보입니다. 옆 부서 이 대리는 새벽마다 중국어 학원을 다니질 않나, 김 과장은 무슨 금융 관련 자격증을 딴다고 주말마다 스터디를 하고, 최 팀장은 더 늦기 전에 MBA를 따겠다며 조만간 미국으로 갈 거라네요.

이쯤 되면 출퇴근만 간신히 하고 있는 내 모습이 한심해 보입니다. 뭐라도 준비해야 하지 않나 주변을 두리번거리게 되죠. 낮엔 일하고 밤과 새벽에는 공부하는 '샐러던트(Saladent)'가 탄생한 이

유입니다. 새로운 지식을 계속 업데이트해야 살아남을 수 있다는 강박증이 직장인들을 다시 스펙 쌓기로 내몰고 있는 거지요.

그러나 회사 입장에서 스펙의 실체를 냉정하게 분석해볼까요? 지금 같은 불황에는 100명의 직원을 뽑는 데 1만 장의 지원서가 들어옵니다. 이 정도면 어떻게 인재를 뽑나가 포인트가 아니라 어떻게 추려내느냐가 관건이죠. 너도나도 토익 점수가 900점을 넘는 건 기본이고, 미국에서 살다 온 지원자도 널렸고, 명문대 대학원 졸업자도 줄을 섰습니다. 자격증도 서너 개씩은 기본으로 다 있고요.

심지어 아프리카 봉사마저도 이젠 흔한 스펙이 됐죠. 인사 담당자들이 "요즘 헌혈 백 번이 무슨 스펙이냐, 간 정도는 떼어 줘야 봉사 좀 했구나 하지"라고 농담할 정도라니 말 다했죠. 스펙 경쟁이 치열해지면서 상향 평준화되고 군계일학도 사라진 겁니다. 입사라는 관문을 통과한 순간 모두가 엇비슷해져 스펙이 아무리 좋아도 수직 상승이나 퀀텀 점프를 하기가 힘들게 돼버린 거죠.

유효기간 5년짜리 스펙으로
오래갈 수 있을까

——————————— 게다가 회사는 스펙에 유효기간이 있다는 걸 잘 알고 있습니다. 제가 잘 아는 경영학과 교수는 "MBA 유효

기간은 길어야 5년"이라고 얘기하기도 했습니다. 세계경제 흐름과 기업 환경이 너무 빨리 변해서 10년 전에 따놓은 MBA 학위는 아무 소용이 없다는 거예요. 특히 IT처럼 새로운 기술이 쉴 새 없이 등장하는 분야는 자격증도 눈 깜짝할 사이에 '올드'해집니다. 학위나 자격증은 실전 상황에서 무르익고 검증하는 데 일정한 시간이 필요한데, 당장 눈에 보이는 성과가 중요한 회사 입장에서는 별로 매력이 없는 거죠.

이직할 때도 마찬가지예요. 헤드헌터들이 하는 말이, 요즘 기업들은 길지도 짧지도 않은 '나사못' 같은 경력자를 원한다고 합니다. 예를 들면 '제1금융권에서 리스크 관리 업무를 맡았고, 재무분석사 자격증이 있으며, 경력 10년차인 팀장급', 이런 식으로 맞춤형 스펙을 요구하는 거죠. 자신들이 원하는 조건을 완벽하게 갖춘 사람이 나타날 때까지 시간을 두고 기다리는 인내심까지 가졌고요. 그만큼 기업들이 스펙에 까다로워졌다는 겁니다.

회사 입장에서 스펙은 포장지와 같아요. 돈이 넉넉하면 화려한 포장지를 고르지만, 살림이 빠듯하면 실속을 따지게 되죠. 화려한 스펙이 곧 실력이 아니라는 것을 요즘에는 기업들도 잘 알고 있습니다. 그러니까 방향성 없는 스펙, 불안감에 일단 남들 하는 대로 해보자는 식의 '묻지마 스펙 쌓기'는 이제 그만하세요. 그것이 여러분에게 줄 수 있는 건 안타깝게도 딱 하나, 스스로에게 주는 잔잔한 마음의 평화밖에 없어요.

"이번에 보니 영어 좀 하던데 해외 파견 가볼 텐가?"

———————— 자격증을 따고, 토익 점수를 올리고, 학위를 받는다는 것은 결국 '공적인 인정'을 받는다는 겁니다. 하지만 이들 스펙이 회사에서 곧바로 인정받는 건 아니에요. 업무 현장에서 그 스펙을 활용하거나 업무 능력으로 인정받으려면 한 번 더 '공적인 인정'을 받아야 합니다. 누구에게? 바로 당신의 보스에게!

예전에 옆 부서 젊은 친구 하나가 새벽마다 중국어 학원을 다녔어요. 나중에 사석에서 들으니 중국 지사에서 일하고 싶다는 포부가 있더군요. 그 친구 상사에게 살짝 귀띔을 했죠. 중국어 공부 열심히 하더라고요. 그런데 그가 시큰둥한 표정으로 이렇게 말하는 거예요.

"그래요? 중국 여행 가려고 그러나?"

국내 영업에 온 신경을 쓰고 있던 그에게 중국어 공부를 하는 팀원은 관심 밖이었던 겁니다. 지금 당장의 실적이 중요한 그에게는 달갑지 않은 스펙이었던 거예요.

토익 990점이라는 한 줄은 윗사람에게 아무런 감흥이 없습니다. 상사와 함께 해외 출장을 다녀와서 "이번에 보니 영어 좀 하던데 해외 파견 근무 해볼 텐가?"라는 말을 들었을 때 진짜 스펙이 됩니다. MBA 출신이라는 스펙도 그 자체로는 아무런 매력이 없죠. 고성과를 냈을 때 비로소 '역시 MBA 출신이라 다르다'는 보스의 평가가 매겨집니다. 회사에서 스펙과 보스는 떼려야 뗄 수 없는 한 몸이라는 겁니다. 제아무리 출중한 영어 실력을 가지고 있어도 윗 사람이 영어를 써먹을 만한 업무를 맡겨주지 않으면 생전 가야 쓸 일 없는 장롱 스펙이 되는 거죠.

제가 현대차그룹에 있을 때 미국 워싱턴 지역에 파견할 직원을 모집한다는 얘기를 들었습니다. 미국에서 경영대학원과 로스쿨을 나오고 미국 변호사 자격까지 있었기에 다들 당연히 제가 될 거라고 생각했죠. 그런데 보기 좋게 떨어졌어요. 회사에서 현지인을 채용한 거죠. 미국 변호사 자격을 가진 저를 필요로 했던 곳은 미국이 아니라 한국이었던 겁니다.

해외 부서 담당 임원들을 만나면 공통적으로 하는 얘기가 있습니다. 채용 단계부터 그 나라말을 잘하고 현지 사정을 잘 아는 직원을 뽑는다고요. 그 시장에도 이미 인재가 바글바글하거든요. 아니면 사내에서 실력이 확실히 검증된 사람을 보내는 게 더 낫다고 합니다. 언어 문제는 통역을 붙이면 되니까요. 어설프게 외국어를 하고 실력도 검증되지 않은 직원을 보내는 것보다 그게 더 효율적이라는 거죠. 그래서 저는 후배 직장인들이 스펙에 대한 상담을 요청할 때마다 이렇게 말합니다. 그 스펙을 '공인'해줄 여러분의 '보스'와 먼저 상의하라고요.

내비게이션이 되어줄
보스는 누구일까

──────────── 스펙은 회사와 일심동체가 될 때 가장 폭발적인 힘을 발휘합니다. 제가 산증인이에요. 두산그룹에 다닐 때 로스쿨을 가겠다고 하니 회사에서 비행기 값은 물론이고, 학교를 마칠 때까지 휴직 처리를 해주더군요. 이후 들어간 포스코에서는 미국 변호사 자격증을 땄는데, 그때도 회사에서 왕복 비행기 값과 숙박료 등을 지원해주고 공부에 전념할 수 있도록 다양하게 배려해줬습니다. 최근에 몸담았던 세아그룹에서도 경영학 박사과정 내내 아낌없는 지원을 해줬고요. 제가 공부한 것들이 회사에 꼭 필요한 스펙이었기 때문입니다.

『장자(莊子)』「변무편(騈拇篇)」을 보면 '독서망양(讀書亡羊)'이라는 고사성어가 나옵니다. 사내종과 계집종이 나란히 양을 지키고 있다가 그만 둘 다 양을 놓치고 말았습니다. 주인이 사내종에게 어찌 된 일이냐고 물었더니 죽간(竹簡: 중국에서 종이가 발견되기 전 대나무 조각으로 엮어 만든 서책)을 읽고 있었기 때문이라고 했고, 계집종은 주사위를 가지고 놀다가 양을 잃었다고 했습니다. 이유는 달랐지만 양을 돌봐야 하는 본분을 잊고 한눈팔다가 양을 잃게 된 결과는 똑같지요.

스펙 쌓기가 딱 그래요. 많은 사람이 'MBA만 따봐라', '자격증만 따면 대접이 달라질 거야'라고 생각하는데, 그야말로 착각입니다.

웬만한 스펙은 다 쌓아본 제가 아는 한, 회사원에게 어떤 극적인 변화나 단타로 신분이 바뀔 수 있는 스펙은 없어요. 실무 현장에서 자주 쓰이고 실적을 내면서 업그레이드되지 않는 한, 당신의 그 어떤 스펙도 실력으로 인정받지 않습니다. 따라서 당신도 조직이 인정하는 디딤돌이 되기 힘들고요.

자기계발을 싫어하는 회사는 없습니다. 그걸 말리는 보스도 없고요. 다만 그 방향을 상사에게 꼭 물어보세요. 그러면 그가 내비게이션이 돼서 구체적인 가이드라인을 제시해줄 겁니다. 마케팅 부서 상사라면 요새 뜨는 비 데이터를 공부해보라든지 바이오 관련 세미나를 들어보라든지 하며 실무와 관련된, 혹은 본인이 생각하는 미래의 큰 그림과 관련된 미션을 주는 거죠. 그렇게 호흡을 맞추다 보면 자연히 당신을 더 관심 갖고 지켜봐줍니다. 관련된 기회가 생길 때 가장 먼저 생각나는 사람도 바로 당신일 거고요.

지금이라도 스펙으로 강렬한 한 방을 날리겠다는 미련을 버리세요. 조금 느리더라도 실무에서 나를 1센티미터씩 성장시키는 스펙, 보스도 인정하고 지지하는 스펙 쌓기로 방향을 바꿔보세요. 당신의 10년 뒤가 180도 달라질 겁니다.

NET+Working으로 일하라

간발이즐(簡髮而櫛)
머리카락을 한 가닥씩 골라서 빗는다는 뜻으로,
쓸모없는 일에 정성을 쏟는다는 의미.

스펙과 함께 직장인들에게 은근한 스트레스와 압박감을 주는 양대 산맥, 바로 네트워킹과 인맥 관리죠. 휴대폰에 저장된 연락처가 수천 개고, 매일 식사 약속이나 모임이 있고, 웬 형님과 누님과 선배가 그리 많은지 보는 사람마다 친한 척하는 마당발이 어디에나 한두 명씩은 있습니다. 그런 사람들을 보면 뭘 저렇게까지 하나 싶은 생각도 들지만, 반대로 회사랑 집만 왔다 갔다 하는 자신이 안일하고 무능력해 보이기도 합니다.

그래서 지금부터라도 인맥을 쌓아야겠다는 생각에 조급해지는데, 어디서부터 어떻게 해야 할지 모르겠다는 후배들이 참 많습니다. 그때마다 저는 일단 '네트워킹의 실체'에 대해 알려줍니다.

네트워킹의
세 가지 기본 조건

——————————— 네트워킹은 '그물로 엮다(Netting)'와 '작동하다(Working)'의 합성어입니다. 사람을 알기만 하는 건 '네팅'이고, 그 사람을 엮어서 뭔가가 이루어지는 '워킹'까지 가야 말 그대로 '네트워킹'이 되는 겁니다. 누군가와 안면을 튼다는 것 자체만으로는 별 의미가 없다는 거죠.

저는 직장에서 대관 업무를 맡으면서 네트워킹에 눈을 뜨게 됐는데, 오랜 경험 끝에 네트워킹이 현실에서 '작동'하려면 몇 가지 조건이 필요하다는 것을 알게 됐습니다.

첫째, 서로 '기브 앤드 테이크'를 할 수 있는가?
둘째, 서로 그럴 만한 여유나 상황이 되는가?
셋째, 그럴 정도로 친한가?

직장 초년병 시절 가장 흔한 실수가 '내가 받은 명함만큼 네트워킹이 됐다는 착각'입니다. 그래서 무작정 이 모임 저 동호회에 나가는 친구들이 있죠. 그러나 회사 밖의 네트워크는 개인적인 것이 대부분이라서 막상 회사의 실적으로 연결시키는 것이 어려워요. 각자 속한 회사마다 업종과 고객이 분명하기 때문에 연결 고리를 찾기도 쉽지 않고, 연관이 있어도 비즈니스 파트너로 검증하고 신뢰하는 데 일정한 시간이 필요하죠.

게다가 내가 그에게 별로 줄 것이 없으면 부탁하기도 쉽지 않습니다. 아무리 작은 일이라도 업무와 관련된 부탁은 상대에게 부담이 될 수 있고 관계 자체가 깨질 수 있죠. 정반대로 나한테 혹이 되는 성가신 인맥도 꽤 됩니다. 어쩌다 우연히 안면을 텄는데 나한테 도움은 안 되고 이것저것 부탁하며 귀찮게 하는 사람들이 꼭 있잖아요. 이처럼 회사 밖의 개인적인 인맥 사이에서 서로 기브 앤드 테이크가 맞아떨어지는 경우는 드뭅니다.

또한 여건이나 상황이 맞아떨어져야 서로 도울 수 있죠. 품앗이를 하고 싶어도 여건이 안 되면 어쩔 수 없으니까요. 특히 요즘 같은 불황기에는 네트워크가 힘을 못 씁니다. 회사들이 확장되는 호황기에는 채용과 승진의 기회가 많아지니까 인맥으로 이직할 수 있는 기회도 자연히 많아집니다. 그러나 불황기에는 회사들이 이미 있는 직원들도 내보내기 바쁜데 새로운 직원을 뽑을 리 없죠. 뽑는다고 해도 호황 때보다 조건이 더 까다로워지는 게 당연합니다.

내가 여유로울 때는 다른 사람을 끌어주고 밀어줄 수 있습니다. 하지만 내 자리도 위태로운 마당에 누군가를 돕는다는 건 불가능한 얘기예요. 다시 말해 불황기에는 아무리 친분이 있어도 서로가 서로를 돕는 것이 쉽지 않습니다.

네트워킹은 정확히 내가 그에게 쓴 시간과 돈만큼 작동합니다.

뭔가를 부탁하려면 적어도 서너 번은 만나 밥을 먹은 사이여야 하지요. 그냥 얼굴 정도 아는 사람이 나를 도와줄 리 없죠. 인맥이라 부를 정도가 되려면 망설임 없이 그 자리에서 전화할 수 있어야 해요. 전화했는데 상대방이 받지 않고 30분 내로 문자나 전화가 안 오면 그는 그냥 '지인'이에요.

젊은 친구들이 유명인이나 높으신 분하고 만나면 굉장히 으쓱해 하거나 네트워킹이 됐다고 생각하는 것은 대표적인 '착각'입니다. 그와 당신 사이에 뭔가 화학작용이 일어날 여지가 없다면 스쳐 가는 인연일 뿐이죠. 따지면 따져볼수록 우리가 생각해왔던 네트워킹이라는 게 알맹이가 없어요. 필요할 때 도움 받으려고 돈과 시간과 에너지를 들여서 인맥을 쌓아왔는데 정작 그 순간, 기대만큼 작동을 안 할 가능성이 꽤 있습니다. 투자 대비 성과가 빈약하다는 것이죠.

진짜 인맥은
업무 중에 쌓이고 있다

─────────── 그렇다면 네트워킹이라는 게 아예 의미가 없느냐, 할 필요가 없느냐, 그건 아닙니다. 다만 네트워킹 범위를 바꾸라는 얘기예요. 바로 회사 업무 안에서 하라는 거죠. 성과와 직결된 네트워킹의 90% 이상은 그 안에서 이루어집니다. 내 동료,

직속 상사, 그리고 명함을 주고받는 옆 부서 팀장과 거래처, 협력사 직원 들이 알짜배기 인맥이라는 거죠. 그물(Net)로 얽혀서 함께 일하는(Work) 관계야말로 나에게 성과도 가져다주고 필요할 때 도움도 주는 황금 인맥입니다.

실제로 회사 인맥은 네트워킹의 조건에도 잘 들어맞죠. 기브 앤드 테이크가 일상에서 늘 일어나고 가까운 곳에서 자주 보기 때문에, 따로 시간을 내지 않아도 소주 한잔 마시는 사이가 될 수 있습니다. 이런 과정에서 다져지는 '전우애'가 때로는 친한 친구와의 우정보다 더 끈끈한 힘을 발휘하기도 하죠.

저는 직장 생활 22년 동안 회사 밖에서 네트워크를 만들어서 성과를 내라고 지시하는 윗분은 본 적이 없습니다. 임원들 중에서 네트워킹한다고 밖으로 도는 사람을 본 적도 없고요. 그 시간에 아랫사람 챙기고, 고객들 부지런히 만나고, 무엇보다 어떻게 하면 윗분에게서 더 많은 협조와 지원을 얻어낼까 궁리하는 사람이 바로 임원들입니다.

'간발이즐(簡髮而櫛)'이라는 말이 있습니다. 머리카락을 한 가닥씩 골라가며 빗는다는 뜻으로, 아무 쓸모없는 일에 정성을 기울인다는 의미지요. 불안하다고 마구잡이로 네트워킹하다가 정작 업무에 소홀해지는 우를 범해선 안 됩니다. 진짜 나에게 필요한 인맥은 내 업무 속에 숨어 있으니까요.

지금 서 있는 현장에서 동료, 고객, 상사와 좋은 관계를 맺고 있다면 당신은 이미 잘하고 있는 겁니다. 충분히 네트워킹하고 있는 거예요. 그러니 더 이상 조급해하거나 불안해하지 마세요. 무엇보다 현재 같이 일하는 직장 상사들과의 네트워킹에 집중하세요. 현재가 단단해야 딛고 나아갈 미래도 생기는 거니까요.

당신만 모르는 블랙리스트의 진실

진적위산(塵積爲山)
날아가는 먼지도 모으면 산이 될 수 있다는 뜻으로,
작고 사소한 것도 소홀히 하지 말라는 의미.

요즘 분위기가 뒤숭숭한 만큼 부서마다 몇 명씩 해고하는 상시 구조조정이 점차 빈번해지고 있습니다. 그때부터 윗분들의 깊은 고민이 시작되죠. 누굴 남기고 누굴 잘라낼 것인가. 많은 직장인이 해고는 인사 평가 결과를 기준으로 정해진다고 생각하겠지만 현실은 달라요. 보스의 한마디가 운명을 가르는 경우가 많습니다.

일단 객관적인 인사 평가 결과를 바탕으로 등수가 매겨져 꼴찌부터 잘라내야 할 숫자만큼 명단이 정해집니다. 그러면 부서장은 반드시 그 명단에 속한 부하 직원들에 대해 코멘트를 하게 됩니다. 이때 부서장으로부터 적극적인 변호를 받는 사람은 구사일생으로 살아날 수 있습니다. 물론 반대의 경우도 가능해요. 등수도 높고 평판도 좋지만 인사권자가 '이 친구는 같이 일하기에 편치 않다'고 하면 살생부에 올라갈 가능성이 높습니다.

물론 기업의 인사관리 시스템은 날이 갈수록 체계화되고 정량화되고 있어요. 특히 IMF 위기를 겪으면서 인사관리 기술이 업그레이드돼서 노는 직원을 귀신같이 찾아냅니다. 누가 회사에 필요한 인재이고 누가 쓸모없는 직원인지를 객관적으로 가려내기 위해 다양한 방법들이 고안되고 있죠.

하지만 그 사람이 과연 1인분에 해당하는 일을 하는지, 누가 1.5인분이고 누가 0.5인분인지에 대한 최종 판단은 결국 사람이 하는 겁니다. 사람의 평가는 과학과는 거리가 멀죠. 면접관이나 인사 평가자 들을 끊임없이 교육시키고, 평가 기준을 객관화하려고 노력하는 건 그래서입니다. 불완전한 사람이 불완전한 판단을 할 수밖에 없으니까요. 현실적으로 정량화된 인사 평가는 참고 사항일 뿐, 결국 마지막에는 보스의 한마디가 생사여탈을 결정하게 되는 겁니다.

보스의 한마디가
모든 것을 결정한다

──────────── 특히 요즘처럼 불황이 계속될 때는 보스의 권한이 더욱 막강해집니다. 전시체제에서는 현장을 진두지휘하는 장군이나 사령관에게 모든 권한을 위임하듯 말이죠. 여기저기서

총알이 빗발치는데 지금 공격해도 되냐고 일일이 물어보고 허락을 받을 순 없으니까요. 이 때문에 윗사람에게 최대한 권한을 몰아주고 조직을 이끌게 하는 겁니다.

IMF 구제금융 사태 직후에 발표된 논문 하나를 읽었는데, 위기 때 살아남은 기업들의 공통점으로 '오너 경영 강화'를 꼽더군요. 빠르고 과감한 의사 결정과 강력한 규율의 실행은 오너일 때 가능하다는 겁니다. 실제로 일본도 불황기에 오너 기업들만 살아남았죠. 우리 기업들도 이런 경험들을 통해 학습을 한 겁니다. 위기 때는 오너든 윗분이든 의사 결정 시스템을 하나로 모아야 살아남을 수 있다는 걸 말이죠. 앞으로 저성장이 계속되면 윗분의 권한은 더욱 막강해지겠죠. 그만큼 아랫사람을 향한 칼날도 더욱 날카롭고 빨라질 겁니다.

'깨물어 안 아픈 손가락 없다'라는 옛말이 있습니다. 피를 나눈 가족끼리는 통할지 몰라도 피 한 방울 안 섞인 관계, 특히 직장에서는 안 통하는 말이죠. 윗분들이 가족보다 더 오랜 시간을 함께하는 아랫사람들을 모두 '아픈 손가락'으로 여길 법도 하지만, 조직을 이끌고 성과를 내야 하는 책임자의 입장에서는 냉정한 시각을 가질 수밖에 없습니다.

최근에 한 설문 조사 결과를 보니, 직장 상사 10명 중 5명은 '지금 당장 해고하고 싶은 직원이 있다'고 답했더군요. 괜한 갈등을 일으키기 싫어서 그때그때 노골적으로 내색하지 않을 뿐, 보스들

은 늘 아랫사람들을 마음속으로 평가해두었다가 적당한 때에 불만
족스러운 직원들을 내보냅니다. 제가 본 윗사람들 중 한 분은 전력
에 별로 도움이 안 되는 직원 몇을 일부러 데리고 있었는데, 그 이
유가 참 당혹스러웠습니다.

"그 친구들은 일종의 스페어지. 부서에서 한두 명씩 잘라야 할
때 내가 아끼는 애들이 잘리면 안 되잖아. 그럴 때를 대비해 일부
러 데리고 있는 거야."

'아픈 손가락'이
마지막까지 살아남는다

——————————— 분명한 건 모든 보스의 마음속에는 아픈 손
가락과 안 아픈 손가락이 있다는 겁니다. 그리고 아픈 손가락이 끝
까지 살아남죠. 저는 직장 생활 22년간 IMF 위기를 비롯해 다니던
회사가 공중분해 되는 등 여러 고비를 겪었는데, 돌이켜보면 그럴
때 해고의 칼날이 비껴간 이들은 하나같이 윗분의 '아픈 손가락'들
이었습니다. 다시 말해 윗분들은 본인이 꼭 있어야 할 사람, 없어
지면 회사에 큰 손실인 사람으로 평가하는 부하 직원이라면 어느
때든 발 벗고 나서서 구명 운동을 해줍니다.

왜냐하면 보스들은 마음속으로 이미 그에게 의존하고 있거든요.
'저 친구 없어지면 나는 어떡하지?'라는 생각이 들 정도로요. 윗분

들에겐 숙명적인 한계가 하나 있습니다. 아랫사람의 성과가 곧 본인의 성과를 만든다는 겁니다. 상사 혼자 일 잘한다고 그의 성과가 높아지는 게 아닙니다. 직원들의 성과가 높아야 본인의 성과도 높아지지요. 조직의 위로 올라갈수록 의지하는 아랫사람은 늘어납니다. 부장은 5명, 임원은 수십 명, 사장은 수백 명, 이렇게 늘어나는 아랫사람의 성과에 의존해서 생존하는 것이 윗사람들의 숙명입니다.

이 때문에 직장인의 생존법은 역시 '성과'가 가장 기본입니다. 기업은 100명 중에 하위 20명을 잘라서 80명을 만든 다음, 그중에서 다시 하위 20명을 솎아냅니다. 이런 식의 상향 평준화 과정을 끊임없이 반복하죠. 그러니까 하위 열등 그룹에 속하는 것은 어떻게든 막아야 합니다. 한 해 평가를 잘 받아서 상위 그룹에 들어갔다 해도 안심하기는 이르죠. 해고가 점점 잦아질수록 평균선이 급격히 올라가기 때문에 긴장을 늦춰서는 안 됩니다.

'나는 할 만큼 했어'라는 생각은 잠시 접어두세요. 윗사람의 아픈 손가락이 되려면 내가 충분하다고 생각하는 것보다 딱 두 배 더 해야 합니다. 스스로 생각해도 과하다 싶을 정도로 해야 비로소 '밥값은 하네'라는 소리를 듣는 게 현실이에요. 특히나 본인의 성과가 뛰어난 보스일수록 아랫사람 평가에 인색한 경우가 많습니다.

또 하나, 보스와 어떤 '순간 관계'를 쌓고 있는가도 잘 점검해야 합니다. 평가라는 것은 결국 기억을 끄집어내서 점수를 매기는 일이죠. 우리도 그렇지 않나요? 누군가를 평가하라고 하면 일단 그와 관련된 좋은 기억과 나쁜 기억을 죽 늘어놓죠. 그렇게 플러스 마이너스를 해본 뒤에 좋은 기억이 더 많으면 좋은 평가가 나오고, 나쁜 기억이 더 많으면 나쁜 평가가 나오게 됩니다. 기억조차 나지 않는다면 그야말로 존재감이 없는 거고요.

이처럼 평가라는 것은 '순간 관계'가 쌓여서 저장된 장기 기억에 의해 내려지는 것입니다. 상사의 기억 속에 그때그때 어떤 콘텐츠를 쌓을 것인가가 가장 중요하다는 얘기죠. 다시 말해 평소에 보스와 좋은 '순간 관계'를 맺어두어야 어렵고 힘든 시기에 그기 나를 지켜주는 강력한 방패가 될 수 있습니다.

'진적위산(塵積爲山)', 즉 티끌 모아 태산이라는 말이 있지요. 엄중한 시기일수록 작고 사소한 일상이 단단해져야 합니다. 막연한 불안감에 미래부터 고민하지 말고 오늘 내가 있는 이 현장, 옆에 있는 사람들에게 최선을 다해보세요. 하루가 꽉 차면 불안해하던 미래도 어느새 저절로 채워져 있을 테니까요.

오래가는 비법, 보스를 끌어당기는 힘

세답족백(洗踏足白)
상전의 빨래를 해주느라 종의 발꿈치가 깨끗해진다는 뜻으로,
남을 위해 한 일이 자신에게도 이득이 됨을 이르는 말.

요즘 에코 세대 후배들을 보면 참 깔끔합니다. 일 처리도 깔끔하고 밥값도 깔끔하게 더치페이하고 인간관계도 쿨하죠. 회사 내에서 뭔가 눈치 보는 말이나 행동을 하는 것은 모양 빠진다고 여기며 '내 일만 잘하면 된다'고들 말합니다. 따라서 그들은 자신과 달리 윗분에게 살갑게 대하는 직원들을 보면 속으로 '뭘 저렇게까지 하나' 생각합니다. 이런 에코 세대에게 자신을 매일같이 들들 볶는 부장은 '개저씨'나 '꼰대'의 표본이나 마찬가지입니다. 스트레스 주범인 윗분과의 접점을 최대한 줄이고 자기 할 일에만 집중하는 것이 쿨하고 똑똑한 직장인의 덕목이라고 여기는 것이죠.

하지만 그런 후배들을 볼 때마다 제 마음이 참 복잡해집니다. 윗

분들이 어떤 시선으로 그들을 볼지 너무 잘 아니까요. 동시에 후배들의 마음도 십분 이해가 됩니다. 이 책을 쓰고 있는 저도 예전에는 딱 그랬거든요.

학교에선 우등생,
회사에선 열등생?

——————————— 돌이켜보면 예전에 저는 '뚱한 직원'의 전형이었습니다. 지금보다 뚱뚱하기도 했지만 표정부터가 늘 뚱했어요. 내성적이고 낯을 가리는 성격에 립 서비스는 전혀 못하고 윗분한테 깨지면 기분 나쁜 표정이 바로 나오는, 유리알처럼 투명한 인간이었습니다.

저도 그런 제 성격을 알았기 때문에 나름대로 보충할 뭔가를 열심히 찾았습니다. 그게 스펙이었죠. 저는 운 좋게도 암기력과 집중력을 타고났고 무엇 하나 파고들면 끝장을 보는 끈기도 가지고 있어 몇 가지 학위를 갖게 됐습니다. 한국에서 법학 석사를 마치고 미국에서 MBA를 했고, 로스쿨을 졸업해 미국 변호사 자격증까지 취득했죠. 당시에는 이런 스펙이 흔치 않았기 때문에 두산그룹, 포스코, 현대차그룹 등 굵직한 대기업에서 비교적 빨리 승진해 40대 초반에 임원이 됐습니다.

그러다 보니 어느 순간 제가 '자뻑 3종 세트'를 쓰고 있더라고요.

어떤 일에서든 스스로를 너무 칭찬하고 있는 겁니다. '난 역시 최고야, 군계일학이야, 굳이 다른 사람에게 잘 보일 필요가 있겠어?' 윗분들도 다 나를 좋아하고 칭찬하는 줄만 알았어요. 혼자만의 착각이었죠. 공부 지능만 너무 믿어서 '조직 지능'을 계발할 이유가 없었던 겁니다.

그때는 상사들을 그저 나의 업무상 결재자, 숙제 검사 해주는 사람이라고만 여겼습니다. 그게 학교에서 공부만 한 모범생들의 공통적인 문제예요. 모범생은 회사에서 일할 때도 숙제하듯이 합니다. 자로 잰 듯 자기 할 일만 딱딱 하죠. 공부하던 가닥이 있으니까 기본 도면은 잘 그립니다. 하지만 그 이상은 하려고 하지 않죠. 안 되는 프로젝트라도 어떻게든 되게 하려고 밤새 고심하고 매달려보는 플러스 알파를 거의 안 합니다.

이런 친구들은 실력 면에서는 점수를 받을지언정 태도에서는 높은 점수를 받기 어려워요. 과장 때까지는 그래도 실력 하나로 버틸 수 있습니다. 그러나 차장급 이상이 되면 그것만으로는 뭔가 부족하다는 걸 스스로도 조금씩 느끼기 시작합니다. 그 위의 다양한 상사들에게 노출되기 시작하니까요. 그때부터 인간관계, 특히 '보스들과의 관계'도 능력으로 취급되면서 열등생과 우등생이 확연히 갈라지기 시작합니다.

"자네는 일은 잘하는데 좀 소극적인 것 같아."

한 보스에게 처음 이 말을 들은 순간, 저는 큰 충격을 받았습니다. 그동안 정말 열심히, 누구보다 적극적으로 일했다고 생각했거든요. 그런데 내 인사권자로부터 그런 평가를 받으니 어쩔 수 없이 저를 돌아보게 되더군요. 그의 말은 제가 기본만 하고 있다는 뜻이었습니다. 그 외의 뭔가는 부족하다는 뜻이죠.

사실은 저도 알 수 없는 그 '뭔가'에 결핍을 느끼고 있었습니다. 윗분과 동료 들이 동석한 자리에서 식사하다 보면 나만 은근히 느끼게 되는 소외감, 중요한 의사 결정 과정에서 배제된다는 느낌, 윗분에게 보고를 드리고 나왔는데 뭔가 놓친 것 같은 '느낌적인' 느낌, 중요한 자리에 분위기를 못 맞추고 겉돌았다는 찝찝함. 이런 것들이 자꾸 누적되고 있었죠.

그러다 결정적인 한 방을 맞는 사건이 생겼습니다. TFT팀에서 중책을 맡고 있을 때 사내에 새 부서가 생겼는데, 누가 봐도 제가 그 부서의 부서장이 될 타이밍이었죠. 그런데 제 동료가 부서장이 되고 저는 그저 일개 팀원으로 발령 나고 말았습니다. 큰 충격이었죠. 그 직후에야 깨달았습니다. 내가 아니라 그가 부서장이 된 이유를.

실력으로만 놓고 보면 둘 다 무난했고 스펙으로 따지면 제가 분명 한 수 위였습니다. 그런데 그는 저한테는 없는 비장의 무기가 있었습니다. '윗분을 자신의 편으로 만드는 법', 즉 보스들과의 소통법에 탁월했던 겁니다.

매일 만나는 보스를
내 편으로 만들어라

──────────── 학교에서는 열심히 공부하면 성적이 오릅니다. 하지만 회사에서는 일만 열심히 한다고 우등생이 되는 게 아니에요. 성과가 좋으려면 일단 윗사람이 내게 중책을 맡겨줘야 합니다. 상사가 중요한 업무도 비용도 인력도 주지 않는데 혼자 힘으로 고성과자가 될 수 있는 방법이 있을까요? 게다가 성과를 인정해주고 성적표를 매기는 사람 역시 윗분이죠. 저 역시 운 나쁘게 '배드 보스(Bad Boss)'를 만나 저성과의 늪에 빠진 적도 있었고, 내 능력을 알아봐주는 상사를 만나 중책을 맡고 단번에 떠오른 적도 있었어요.

결국 성과와 스펙만 믿고 겁 없이 덤비던 제 직장 생활의 결론은 '보스'였습니다. 보스라는 중간 타깃을 관통하지 못하면 그 뒤에 있는 성과와 생존이라는 목표에 결코 닿을 수 없다는 것, 직장인으로서의 내 운명을 가르는 가장 중요한 열쇠는 바로 보스가 쥐고 있다는 사실을 뒤늦게 깨달았던 것이죠. 그때부터나마 보스는 도대체 어떤 사람들이고 그들을 어떻게 나의 우군으로 만들 것인가를 하나하나 부딪치고 깨지면서 배워나갔습니다. 알고 보니 직장에서 잔뼈가 굵으면서 적어도 임원 이상이 된 사람들은, 일찍부터 각자의 스타일과 장단점에 따라 보스와의 소통의 기술을 계발하고 있었습니다.

여기서 말하는 소통의 기술은 '아부의 기술'과는 다릅니다. 자존심을 버리고 매달리거나 비굴하게 구는 것을 말하는 게 아닙니다. 누구 밑으로 줄을 서는 사내 정치의 기술을 가리키는 것도 아니에요. 직장인은 직장인답게 자신에게 주어진 일에서 성과를 내야 합니다. 지금처럼 보고서를 쓰고, 프레젠테이션을 하고, 실행을 하는 게 기본이라는 점에는 변함이 없습니다. 다만 그 과정에서 '보스'라는 중간 타깃을 놓치면 안 되는데, 그때 필요한 것이 소통의 기술입니다.

'보스를 내 편으로 만들겠다'는 전략을 깔고 있는 보고와 아닌 보고 사이에는 작지만 분명한 차이가 있습니다. '보스 전략'을 염두에 두고 하는 실행과 그렇지 않은 실행도 접근 방식에서부터 차이가 나죠. 처음에는 그 차이가 미세해 보일지라도 시간이 갈수록 어마어마하게 벌어집니다. 따라서 매사에 윗분의 시각을 고려해 임한다면, 어느 순간 당신의 든든한 우군이 된 윗분을 발견하게 될 겁니다.

지금 당장 이 팍팍한 직장인의 현실을 바꿀 수 있는 건 방향성 없는 스펙이나 뜬구름 잡는 네트워킹이 아닙니다. 어려울수록 우리가 기댈 곳은 지금 발 딛고 있는 현실, 그리고 내 곁에 있는 사람밖에 없어요. 그래서 저는 늘 후배들에게 말합니다. 그 수많은 자기계발 과목을 다 공부하기가 벅차다면 단 하나, 윗분을 내 편으로 만드는 방법만 제대로 알아서 익히라고요. 누구도 가르쳐주지 않는 '보스 전략'이 실은 직장인의 최고 필살기가 될 수 있습니다.

'세답족백(洗踏足白)'이라는 말이 있습니다. 상전의 빨래를 하다 보면 종의 발꿈치가 깨끗해진다는 뜻으로, 남을 위해 하는 일이 자신에게도 이롭다는 의미입니다. 보스를 내 편으로 만들겠다는 목적의식을 가져야 남들과 똑같이 고생하고도 아무런 보상을 받지 못하는 불행을 피할 수 있습니다.

만화 〈미생〉을 보면 "회사에 간다는 것은 내 상사를 만나러 간다는 것"이라는 말이 나옵니다. 상사가 곧 회사라는 거죠. 매일 만나는 상사를 내 편으로 만드는 '직장병법', 이것이야말로 여러분의 일상 속 성장과 경쟁력을 향상시키는 가장 큰 무기입니다.

제 '진짜' 보스는 누구인가요?

공도동망(共倒同亡)
넘어져도 같이 넘어지고 망해도 같이 망한다는 뜻으로,
운명을 같이함을 이름.

나의 '보스'는 도대체 누구일까요? 아마도 대부분은 직속 상사부터 떠올릴 겁니다. 실제로 그런 경우가 많긴 하죠. 하지만 보스와 직속 상사가 항상 동의어인 것은 아닙니다. 어쩌면 당신이 모셔야 할 진짜 보스는 따로 있을지도 몰라요. 지금 머릿속에 떠올린 그분이 당신의 진짜 보스인지 알고 싶다면 세 가지만 따져보면 됩니다.

첫째, 나의 성과를 공유하는 사람인가.
둘째, 나를 직간접적으로 평가하는 사람인가.
셋째, 나에게 힘이 되고 나를 키워주는 사람인가.

보스는 직속 상사가
아닐 수도 있다

─────────── 만약 당신이 사원급이라면 당신이 신경 써야 할 보스는 직속 상사인 팀장밖에 없을 확률이 높습니다. 직급이 낮을 때는 팀장이 나의 성과를 공유하고 나의 실적을 평가하는 유일한 사람이니까요. 졸병일 때는 분대장의 말 한마디가 생사를 좌우하는 법이지요. 마찬가지로 직장 생활 초기에는 나와 시공간을 공유하는 팀장이 나의 생사를 좌우하는 윗분이 됩니다.

하지만 어느 정도 직급이 올라가면 직속 상사는 내 진짜 보스 후보에서 제외되기 마련입니다. 만약 당신이 부팀장이라면, 당신의 진짜 보스는 직속 상사인 팀장이 아니라 팀장에게 보고를 받는 사람이죠. 차장쯤 되면 부장이 아니라 부장에게 보고를 받는 이사를 보스로 여겨야 합니다.

만약 당신이 임원급이라면 가깝게는 상무부터 멀게는 회장까지의 윗사람 중에 당신의 진짜 보스가 있습니다. 대기업에 다닌다면 계열사 임원까지 범위가 확장될 수도 있겠군요. 그분들 중 나의 성과를 공유하고, 나를 직간접적으로 평가하고, 나를 키워주는 사람이 바로 진짜 보스인 것이죠.

물론 그렇지 않은데도 나에게 힘이 되어주는 윗사람이 생기기도 합니다. 이를테면 우리 팀장보다 옆 부서 팀장이 더 나를 챙겨준다거나, 어려운 일이 생겼을 때 팀장의 윗분이 도움을 주는 식입니다.

가까운 윗사람보다 오히려 한 발짝 떨어진 윗사람이 나에게 더 많은 도움을 줄 때가 있다는 말이지요.

저도 그랬습니다. 업무상 마주칠 기회가 거의 없는 분이었는데 어떤 계기로 저에 대해 좋은 인상을 받았던 모양입니다. 모임이나 행사에서 기회 있을 때마다 제 칭찬을 해주더군요. 덕분에 저에 대한 평판이 상당히 올라가 다른 부서와 업무를 추진할 때 많은 도움이 됐습니다.

이런 분을 '스피커 보스'라고 부릅니다. 스피커를 켜고 볼륨을 높이면 많은 사람이 음악 소리를 듣게 되잖아요. 마찬가지로 높은 위치에 있는 사람이 공식적인 자리에서 나에 대한 칭찬을 해주면 더 많은 사람에게 좋은 평가를 얻게 됩니다. 같은 팀도 아니고 구체적인 이해관계도 없는 나에 대한 칭찬을 공식적인 자리에서 스피커처럼 크게 외쳐주는 윗분이 있다면, 요즘처럼 직장 생활이 가시밭길일 때 천군만마를 얻은 것처럼 든든할 겁니다.

보스와 빅 보스는
평가 포인트가 다르다

─────────── 보스보다 더 윗분인 빅 보스에게는 어떻게 해야 좋은 평가를 받을 수 있을까요? 만약 당신이 팀장이라면 쉽게 답을 떠올릴 수 있을 겁니다.

옆 부서 팀원 중에 괜찮다고 생각하는 사람이 한 명쯤 있겠지요. 아마 인사를 잘한다거나 예의가 바르다거나 업무 협조를 잘해줬다거나, 좋은 인상을 받은 계기가 있었을 겁니다. 내 팀원들을 평가할 땐 이번 달 실적이나 성과를 우선시하지만, 남의 팀원들을 평가할 땐 자세나 태도를 더 많이 보게 됩니다. 조금 멀리 떨어져 있는 관계이기 때문이죠.

보스보다 더 윗분인 빅 보스도 마치 옆 부서 팀장처럼 나와 조금 먼 관계이기 때문에, 실적보다는 우선 태도로 나를 평가합니다. 그러니까 빅 보스에게 잘 보이고 싶다면 예의범절을 갖춰 애사심과 충성심 그리고 그분에 대한 존경심을 표현하는 것이 좋습니다. 그러나 나에 대한 보스의 평가가 안 좋으면, 가령 보스와 트러블이 있다거나 평균 이상의 성과를 못 내면, 개인적으로 나를 좋게 본 빅 보스 입장에서도 내 칭찬을 꺼내기가 어렵습니다.

다시 말해 빅 보스가 아무리 좋아 보여도 가까운 보스만 못합니다. 빅 보스가 도움을 줄 때도 있겠지만 그는 어디까지나 나와 먼 사람입니다. 친한 윗분이 많을수록 좋을 것 같지만 오히려 이해관계가 부딪치거나 신경 쓸 일이 많아져서 이도 저도 아니게 될 가능성이 있습니다. 자칫 어느 한 분과 사이가 나빠지면 더 큰 화를 불러올 수도 있고요. 여기저기 애먼 데 기웃거리기보다는 당신의 진짜 보스를 제대로 모시는 것이 중요하다는 겁니다.

당신이 모셔야 할 진짜 보스는 나와 '공도동망(共倒同亡)'의 관계에 있는 사람입니다. 넘어져도 같이 넘어지고 망해도 같이 망하는 운명 공동체라는 뜻이지요. 말하자면 나의 업무 성과가 본인에게도 영향이 미치는 그분이 나의 진짜 보스입니다. 나의 실적과 무관한 윗사람은 그저 윗사람일 뿐인 거지요.

고성과를 내고 싶다면 당신의 진짜 보스에게 집중하세요. 눈앞의 유혹 때문에 가까운 보스를 무시하고 먼 빅 보스에게 직진하는 순간, 실적과 성과는 당신에게서 멀어지게 될 테니까요.

보스는 당신의 멘토가 아니다

인비목석(人非木石)
사람은 목석이 아니라는 뜻으로,
사람이라면 누구나 감정과 분별력을 가지고 있음을 이르는 말.

많은 직장인이 회사 안에서 멘토를 찾곤 합니다. 직장 생활에 필요한 기술을 맞춤형으로 가르쳐주는 과외 선생이자, 힘들고 어려울 때마다 나를 따뜻하게 보듬어줄 아버지 같은 존재를 원하는 거죠. 누구보다 많은 경험과 노하우를 가진 상사는 직장인들이 가장 멘토로 삼고 싶은 사람일 겁니다. 하지만 결론부터 말하면, 보스는 당신의 멘토가 아닙니다.

윗분들은 항상 격무에 시달리고 있습니다. 아랫사람의 시시콜콜한 고민을 들어줄 시간도, 아버지처럼 품어줄 마음의 여유도 없지요. 이 세상에 완벽한 사람은 없듯이, 누군가의 멘토가 될 만큼 지적으로 완벽하거나 인격적으로 성숙한 윗분도 극히 드뭅니다.

누가 오래가는가

그렇다면 나와 보스는 어떤 관계인 걸까요? 제가 찾은 정답은 바로 '도제관계'입니다.

멘토 아닌
마스터가 답이다

─────────── 도제관계는 장인(마스터)과 장인이 되기 위해 훈련을 받는 연습생의 관계를 말합니다. 도자기 장인이나 판소리 명인이 되려면 도공이나 명창의 집에서 수년간 숙식을 하며 가르침을 받는 것이 일반적이었습니다. 처음 몇 년은 온갖 허드렛일을 하며 어깨너머로 배우다가, 장인의 허락이 떨어지면 그때부터 본격적으로 기술을 연마하는 거지요.

전 세계적으로 이름을 널리 알린 화가들도 대부분 도제 교육으로 탄생했습니다. 예를 하나 들어볼까요? 17세기 유럽을 대표하는 화가 페테르 루벤스의 공방은 화가 지망생들에게 필수 코스였지요. 그는 수십 명의 제자를 거느리며 도제 교육을 했는데, 그가 가장 훌륭한 제자로 꼽은 안토니 반 다이크는 당시 최고의 초상화가로 유명세를 떨쳤답니다.

현대에 와서는 도제식 교육을 찾아보기 힘들지요. 하지만 알고 보면 모든 회사에서 암암리에 도제 교육을 하고 있습니다. 신입 사원 교육이나 자체 프로그램, 평소 업무 지시 등을 통해 그 회사만의 기술과 노하우를 전수하고 있는 거지요. 숙식만 안 할 뿐 윗분과의 관계를 통해 직장 생활에 꼭 필요한 생존 노하우를 배우고 있는 겁니다. 윗분이 직장 생활의 장인이라면 우리는 그에게 가르침을 받는 연습생인 거지요.

법조계가 대표적인 도제 시스템입니다. 변호사 자격증을 땄어도 법이 현실에서 어떻게 작동하는지는 거의 알지 못합니다. 새내기 변호사들 대부분이 곧바로 개업하는 대신 로펌에 들어가는 건 그래서죠. 경험이 풍부하고 노하우가 많은 로펌 선배들에게서 송무나 자문 등 필요한 기본기를 배우는 겁니다.

보스에게 배워서
보스 자리로 가라

——————————— 엄밀히 말해 보스는 힘들고 어려울 때 나를 따뜻하게 보듬어주는 아버지 같은 존재가 아닙니다. 직장 생활에 필요한 기술을 맞춤형으로 가르쳐주는 과외 선생에 가깝죠. 과거의 도제 교육은 훌륭한 스승을 보고 배우는 일이었지만, 오늘날의 도제 교육은 옆에서 따라 배우다가 언젠가 그 사람의 위치에 오르는 것이라고 할 수 있습니다. 말하자면 보스에게 배워서 보스의 자리로 가는 겁니다. 존경할 만한 스승이 아니라 배울 만한 기술을 가진 사람에게 가르침을 받는 거지요. 배울 건 배우고 취할 건 취

하는 실사구시(實事求是) 마인드가 강해진 겁니다. 윗분을 모시라는 것은 몸종이 되라는 것이 아니라 옆에서 어깨너머로 배우라는 뜻인 거지요.

지금까지 수많은 윗분을 모시면서 제가 가슴속에 새긴 말이 있습니다. 바로 '인비목석(人非木石)'이라는 말입니다. 사람은 누구나 희로애락의 감정이 있고, 자기만의 일하는 스타일이 있다는 거지요. 윗분도 사람이니까 흠이 있을 수밖에 없다는 겁니다.

사람은 불완전한 존재입니다. 이것을 받아들이면 멘토라는 말에 휩쓸려서 지나치게 기대하거나 실망하지 않게 됩니다. 그 사람의 흠은 그대로 놔두고 장점만을 배워서 내 것으로 만들 수 있게 되지요. 인간의 불완전함을 이해하고 보완해서 나의 업무 성과를 높이는 것, 이것이 바로 '직장병법'의 기본입니다.

보스처럼 일해서 보스의 자리로 가라

각곡유아(刻鵠類鵝)
고니를 새기려다 실패해도 거위와 비슷하게는 된다는 뜻으로,
성현의 글을 배우면 그것을 완전히 익히지는 못해도
최소한 선인은 될 수 있음을 이르는 말.

요즘 에코 세대 직장인들에게 흔히 발견되는 두 가지 장애가 있습니다. 부모의 과보호와 넘치는 인터넷 정보 속에서 자라서 혼자서는 아무것도 결정하지 못하는 '결정 장애'와 사람들과 관계를 맺는 것에 서툰 '관계 장애'. 특히 후자의 문제에 있어 심각한 친구들이 적지 않습니다.

그도 그럴 것이 그들은 소가족 안에서 자랐기에 연장자와의 소통을 보고 배울 기회가 거의 없었고, 이메일이나 SNS처럼 얼굴을 마주 보지 않는 소통법에 더 익숙한 세대입니다. 특히 요즘에는 회사에서도 SNS 등을 부서 협업 도구로 활용하다 보니 직장 생활에서도 면 대 면 스킬을 익힐 기회가 거의 없습니다. 이런 상황에서

갑자기 나이 차가 많이 나는 직장 상사를 모신다는 건, 웬만큼 붙임성 좋은 성격이 아니면 쉽지 않은 일입니다.

결정 장애와 대면 장애에
시달리는 현대인

─────────── 과거에도 상사와의 관계에 서툰 직장인들이 있었습니다. 하지만 그때는 윗분들이 일일이 훈련을 시켰지요. 문을 벌컥 열고 들어오면 "나가서 노크하고 다시 들어와"라고 한다거나, 말을 조리 있게 못 하면 "연습해서 다시 보고해"라는 식으로 호되게 가르쳤습니다. 원하는 각도가 나올 때까지 인사만 수십 번 시키는 경우도 허다했습니다. 하지만 요즘에 그랬다간 난리가 날 겁니다. 권위주의적이니 군대 문화이니 하며 욕먹을 게 뻔하기 때문에 가르쳐주는 사람도 없고 배우는 사람도 사라졌죠.

그러다 보니 직장 상사에게 어떻게 보고해야 하는지 ABC도 모르는 신입 사원들이 태반입니다. 문자로 보내라고 하면 그나마 하는데 이메일로 보내라고 하면 그것도 어려워합니다. 직접 말로 보고하라고 하면 더 못하죠. 공식화될수록 서툴러져서 단어 선택을 제대로 못하고 이모티콘을 남발하는 직원들도 많습니다. 배운 게 없으니 공식 보고도 SNS식으로 하는 것이죠.

심지어 제 친구는 '문자 사표'도 받아봤습니다. 부서 회식을 하고 헤어졌는데 갑자기 밤에 문자가 하나 왔다는 겁니다. 오늘까지만 다니고 회사를 그만두겠다고요. 황당했지만 '내일 만나서 다시 얘기하자'고 답문을 보냈는데 곧바로 이런 문자가 왔다더군요. '상대방의 전원이 꺼져 있어 전달되지 않았습니다.' 상사 입장에서 보면 참으로 기가 찰 노릇이죠.

게다가 'TPO(Time, Place, Occasion: 시간, 장소, 상황)'에 대한 개념조차 부족한 직장인도 부지기수입니다. 보고할 때 모습만 봐도 한눈에 드러나곤 하죠. 결재 서류 들고 갔는데 상사가 "앉지" 하면서 소파 쪽을 가리키면 보고받을 시간적 여유가 있다는 뜻입니다. 반대로 상사가 책상에서 안 일어나면 당장 급하게 처리해야 할 일이 있거나, 지금 보고받을 기분이 아닌 겁니다. 그럴 땐 "나중에 다시 오겠습니다"라고 말하고 나가는 게 예의죠. 그런데 눈치가 없으면 어정쩡하게 책상 앞에 서서 벌을 서는 겁니다.

예의란 존경의 뜻을 나타내는 말과 행동을 뜻합니다. 단순한 인사 예절이 아니라 사람과 사람이 서로를 존중하는 관계를 표현하는 방법입니다. 보스들이 원하는 예의도 마찬가지입니다. 화려한 미사여구로 포장한 아부가 아니라, 자신에 대한 존중을 말과 행동으로 표현해달라는 거죠.

예를 들어, 윗분이 차를 탈 때 차 문을 열어주는 것이 기본인데도 많은 직원이 멀뚱하게 서 있습니다. 윗분이 들어오면 자리에서 일어나야 하는데 그냥 앉아 있거나, 윗분과 같은 차를 타도 말 한마디 없이 스마트폰만 만지작거립니다. 회의 때도 혼자 스마트폰에 코를 박고 있지요. 한두 번쯤 넘어갈 수 있습니다. 하지만 같은 일이 여러 번 반복되면 찍히는 건 시간문제겠죠.

저는 한편으로 그런 친구들의 모습도 이해가 갑니다. 직장 생활은 모의 상황이 없으니까요. 대학 시절까지는 수많은 모의고사와 연습, 편집할 수 있는 시간이 있었습니다. 그러나 회사에 들어오면 매 순간이 실전이기에 연습 안 된 스킬을 갑자기 쓰려니 너무 어색한 겁니다. 일상 예절이라는 게 몸에 체화가 안 된 상태이니까요.

그러다 보니 수많은 직장인이 명절 때 친척들 사이에 끼지 못하고 겉도는 아이처럼 어정쩡해집니다. 보고, 의전, 심지어 뒤에서 쫓아오는 모습마저 어정쩡하죠. 회의나 회식 때 보면 꼭 그런 어정쩡한 친구들끼리 모여서 스마트폰을 보고 있어요. 어정쩡함이 몸에 배면 의지할 곳은 스마트폰밖에 없거든요.

더 심각한 문제는 이런 상황이 본인도 불편하니까 윗분과 멀어질 궁리부터 한다는 겁니다. 어떻게 하면 상사와 떨어져서 혼자 있을까를 생각합니다. 회의 시간에 윗분과 눈을 맞추기보다 스마트폰에 집중하는 것도 그래서일 겁니다. 공간을 바꿀 수 없으니 시선이라도 옮기는 거지요. 당장은 그게 편할지도 모릅니다. 하지만 상사와 멀어진 거리만큼 조직에서의 내 위치와 전망 역시 불투명해진다는 것도 부인할 수 없는 사실입니다.

보스를
'쾌속 복사'하라

———————— 제가 어정쩡한 친구들한테 늘 하는 잔소리
가 있습니다. 잘하는 사람을 '쾌속 복사'하라고요. 뭘 잘하려고 하
지 말고 옆에 가서 그대로 흉내 내라고요. 흉내라도 잘 내면 절반
은 된 겁니다. 어색하고 어정쩡할수록 스마트폰만 보지 말고 빨리
카피하면 24K까지는 안 돼도 18K 정도는 될 수 있습니다.

제가 아는 친구는 어느 CEO가 만나는 사람마다 90도로 인사하
는 모습에 감명을 받고 그대로 따라 하기 시작했다고 하더군요. 덕
분에 그는 10년이 지난 지금도 어딜 가나 겸손하고 수더분하다는
칭찬을 달고 다닙니다.

제가 모신 보스 중에도 경청의 달인이 있었습니다. 변호사들과
회의를 하는데 이미 다 알고 있는 내용인데도 묵묵히 듣기만 하더
군요. 성격 급한 저였다면 답답해서 곧장 다음 주제로 넘어갔을 텐
데, 오히려 그분은 "제가 잘 몰라서 그러는데"라면서 자기가 알고
있는 것까지 크로스 체크를 하는 겁니다. 자신의 말에 귀를 기울여
주고 질문까지 하는데 따르지 않을 이유가 없지요. 그 보스가 그
자리에 오른 비결은 경청의 힘이라고 해도 과언이 아닙니다. 실제
로 제가 모셨던 성공한 보스들의 공통점이기도 하고요.

그때 많이 배웠습니다. 그분 옆에서 보고 따라 하면서 경청의 기
술을 복사한 겁니다. 회의 때 논쟁이 생기면 저렇게 정리하면 되는

구나, 보고는 저렇게 하는 거구나, 회식 때 내가 의도한 대로 이야기를 끌어가려면 저렇게 해야 하는구나, 경청의 기술을 수없이 복사했습니다.

그러면서 깨달았습니다. 제가 반드시 원본이 될 필요가 없다는 것을요. 내가 나만의 직장 생활 노하우를 가진 원본이 될 수 없다면, 보스의 노하우를 잘 베껴서 생활하는 것도 바람직한 방법이라는 얘기죠.

실제로 제가 하는 행동의 면면에는 그동안 제가 모신 보스들의 DNA가 잔뜩 녹아 있습니다. 회의할 때, 보고할 때, 하다못해 상갓집에 가서도 윗분들의 DNA가 불쑥 튀어나옵니다. 문제가 생길 때도 '내가 모셨던 윗분들은 이럴 때 어떻게 했었지?'라며 수많은 복사본을 이리저리 끼워 맞춰서 해결합니다. 윗분들에게서 복사한 기술들을 저만의 방식으로 편집해서 새로운 원본을 만드는 거지요.

상사들이 종종 던지듯 하는 말이 있습니다. "쟤 반만 닮아봐라." 비교하고 비난하는 게 아닙니다. 그 사람의 장점을 복사하라는 겁니다. 어정쩡한 사람들에게 가장 필요한 것이 바로 복사할 수 있는 용기입니다. 자신의 약점을 극복하고 싶다면 이것저것 복잡하게 따지지 말고 잘하는 사람의 능력을 베끼는 것부터 시작하세요. 장인의 솜씨를 어깨너머로 배우는 것처럼 말입니다. 처음에는 어색하더라도 실전에서 자꾸 훈련을 해봐야 합니다. 몸에 밸 정도로 체화가 돼야 어떤 상황에서도 자동 반사적으로 몸이 움직이게 되니까요.

 마음먹고 하는 의전은 결코 체화된 예절을 따라가지 못합니다. 보스들을 모시는 기술을 몸으로 익히면 저절로 눈에 확 띄게 되지요. 다수가 어정쩡하게 구석에서 스마트폰을 보고 있을 때, 한 친구가 용기를 내서 필요한 거 없으시냐고 묻고 부지런하게 생수라도 돌리면 뭐 하나라도 더 챙겨주고 싶은 게 사람 마음이니까요.

 '각곡유아(刻鵠類鶩)'라는 말을 있습니다. 고니를 새기려다 실패해도 거위와 비슷하게는 된다는 뜻이지요. 걱정은 잠시 미뤄두고 일단 달인의 행동을 따라 하는 것부터 시작해보면 어떨까요. 그렇게 하나둘 복사본이 쌓이다 보면 언젠가는 자신만의 원본도 생길 겁니다. 모방과 복사야말로 가장 기본적인 '직장병법'의 노하우입니다.

생계 때문에 할 수 없이 다닌다고요?

하학상달(下學上達)
아래를 배워서 위에 도달한다는 뜻으로, 낮고 쉬운 것을 배워서
깊고 어려운 것을 깨닫는다는 의미.

회사에 대한 불평불만을 입에 달고 다니는 '투덜이 스머프'들이 있습니다. 듣기 좋은 꽃노래도 한두 번인데, 동료들이 대놓고 직장 험담하면 기분 좋을 리 없죠. 저도 애사심이 투철한 편은 아니었지만, 자기 일에 대한 자부심을 바닥에 내려놓는 동료들의 모습은 불편하기 짝이 없었습니다. 먹고사는 문제만 아니면 이놈의 회사 당장 때려치울 거라는 말을 들을 땐 암담하기까지 했습니다.

회사에서 법무팀장으로 일할 때 연봉이나 근로조건이 좋은 편인데도 후배 변호사들이 오래 버티지 못하는 모습을 자주 봤어요. 왜 그러냐고 물어봤더니 자신이 '이류 변호사' 같아서 견딜 수가 없다는 겁니다. 큰 로펌에서 일하거나 개업한 변호사가 일류라면, 자기

처럼 회사에서 일하는 변호사는 이류라는 거지요.

자기 또래 직장인들은 차장 다음에 부장, 부장 다음에 이사로 차례차례 승진을 하는데, 자기처럼 회사에서 일하는 변호사는 승진도 없다며 툴툴대는 경우도 있었습니다. 그렇게 한번 자기 비하를 시작하니까 걷잡을 수 없더군요. 투덜이 스머프 정도가 아니라 '썩은 사과'가 되어 결국에는 자신이 오염시킨 동료들까지 데리고 회사를 나갔습니다.

돈 버는 일터?
꿈 이루는 꿈터!

─────────── 사실 입 밖으로 꺼내지 않을 뿐, 생각보다 많은 직장인이 투덜이 스머프로 살고 있습니다. 겉보기엔 열심히 일하는 것 같았는데 막상 대화를 나눠보면 냉소주의와 패배주의가 물씬 풍깁니다.

사장님으로 폼 나게 사는 친구에 비하면 자기가 하는 일은 모두 시답잖고, 외제차 끌고 다니는 사람들을 보면 자기가 버는 돈은 쥐꼬리만 하고, 프리랜서들은 즐길 것 다 즐기면서 여유롭게 사는 것 같은데 자기는 만날 야근에 시달리며 소모되는 것 같다고 말합니다. 그래서 스스로를 '월급쟁이'라고 낮춰 부르며 월급이 300만 원'밖에' 안 된다고 속상해하고, 먹고사는 문제만 아니면 지금이라도 당장 그만두고 싶다고 말합니다. 자신이 하는 일과 버는 돈을 저평가하는 겁니다.

직장을 생계 수단으로만 보면 먹고살기 위해 어쩔 수 없이 하는 일이니 불만이 쌓일 밖에요. 그런데 회사를 돈을 버는 '일터'가 아니라 꿈을 이루는 '꿈터'라고 생각하면 조금씩 달라 보이기 시작합니다. 하고 싶은 일을 돈 받으면서 하는 것이 직장 생활이고, 근무 시간은 내 꿈에 필요한 능력을 쌓아가는 시간이라고 생각해본다면 회사가 그렇게 힘겹고 지겹기만 한 공간은 아닐지도 몰라요.

많은 직장인이 꿈과 생계를 분리해서 생각합니다. 직장을 돈만 버는 곳이라고 생각하니까 무조건 돈 많이 주는 곳으로 옮겨 다니는 겁니다. 그러다가 어느 정도 돈이 모이면 그때부터 꿈을 찾아 떠나는 거죠. 해외여행도 가고 새로운 것을 배우기도 합니다. 하지만 모아둔 돈은 금세 떨어지기 마련이고, 새로 배운 일이 금방 돈벌이가 되긴 어렵습니다. 그래서 다시 지옥의 일터로 돌아갑니다. 악순환의 반복이죠.

그런데 꿈과 생계가 한 몸이라면 어떨까요? 마치 창업한 것 같은 기분이 들 수도 있을 겁니다. 내가 하고 싶은 일이 회사가 원하는 일이고, 내가 잘하는 일이 회사의 실적으로 이어지고, 나의 성공이 곧 회사의 성공이 되겠지요. 직장과 궁합이 잘 맞을수록 성과도 무한대로 늘어날 테고요.

좋아하면서 잘하는 일을 하면 확실히 높은 성과를 낼 수 있습니다. 제가 사내 변호사로 들어가 법무팀장이 될 때까지 10년 넘게 법무 일만 할 수 있었던 것도 법적 문제들을 쉽게 풀어서 설명하는 것을 좋아했기 때문이에요. 만약 제가 법 지식을 활용하는 데에서만 만족감을 느꼈다면 금세 다른 일을 찾았을지도 모릅니다.

지치지 않고 끝까지 하는 힘, 자발적 몰입

──────────── 고등학교 동창 중에 한동준이라는 가수가 있습니다. 〈너를 사랑해〉라는 노래로 유명하죠. 지금도 자주 연락하고 만나는 '베프'인데, 어느 날 같이 밥을 먹다가 이런 질문을 했어요. "네가 가장 아끼는 후배는 어떤 스타일이냐"고요. 친구는 망설임 없이 이렇게 답하더군요. "자기 일에 미쳐 사는 똘기 가득한 후배"라고요.

20년 직장 생활을 해온 저로서는 선뜻 이해가 안 됐습니다. 똘기 있는 친구는 대부분 직장에서 기피 대상 1호니까요. 그런데 뒤이어 설명을 들으니 고개가 끄덕여지더군요. 친구의 말인즉슨, '똘기'를 다른 말로 하면 '자발적 몰입'이라는 겁니다. 등 떠밀려서 억지로 하는 게 아니라, 자기도 모르는 사이에 빠져들어서 원하는 결과를 얻어내는 자발적 몰입이야말로 가장 빛나는 재능이라는 거죠. 자기 일에 미쳐서 앞만 보고 달려가는 사람은 누구도 따라잡을 수 없으니까요.

제가 아는 분 중에도 자발적 몰입의 대가가 있습니다. 바로 베

테랑 스타 PD인 송창의 코엔미디어 대표입니다. MBC PD 시절엔 〈토요일 토요일은 즐거워〉〈일요일 일요일 밤에〉〈남자 셋 여자 셋〉 등 간판 프로그램을 연출했고, tvN으로 옮긴 뒤에는 〈막돼먹은 영애씨〉〈롤러코스터〉〈택시〉 등을 론칭한 장본인이죠. 방송계에선 '예능의 전설'로 불린답니다.

이분을 잠시 윗분으로 모신 적이 있었어요. 믿기 힘들겠지만 제가 젊었을 때 〈일요일 일요일 밤에〉 구성 작가로 일했거든요. 그분 밑에서 일하면서 깨달은 것이 하나 있는데, 스타 PD의 핵심 역량은 자발적 몰입이라는 겁니다. 그가 시트콤 〈남자 셋 여자 셋〉을 연출할 때 특히 그 핵심 역량이 최고조로 발휘됐죠.

그 작품은 지금은 MBC 시트콤의 역사가 되었지만 초창기만 해도 낮은 시청률로 인해 조기 종영될 뻔했습니다. 신임 사장이던 고(故) 이득렬 사장의 "잘될 것 같다"는 한마디에 기적적으로 살아남았죠. 문제는 그다음이었습니다. 사장의 격려에 한껏 고무된 송창의 PD가 '시청률 20%'를 약속해버린 겁니다. 당시 시청률이 고작 7~8%였으니 말도 안 되는 '뻥'이었죠. 그런데 정말 말도 안 되게 한 달 만에 20%를 기록한 거예요. 보름 뒤엔 30%를 넘었고요. 송창의 PD는 자기가 내뱉은 말도 안 되는 약속을 지키기 위해 고군분투하는 과정에서 미친 듯이 일에 빠져들었던 겁니다. 그 결과로 원하는 성공을 이룬 거죠. 직장이 일터가 아닌 꿈터가 되기 위해선 자발적 몰입이 필수라는 겁니다.

회사 안에는 내 꿈의 인프라가 곳곳에 있습니다. 혼자선 꿈도 못 꿀 막대한 자원과 인력과 노하우가 있지요. 밖에선 돈 주고 배워야 할 기술을 회사 안에선 돈 받으면서 배웁니다. 내 꿈을 현실로 바꾸는 데 필요한 모든 것을 직장 생활에서 얻을 수 있습니다. 내가 어떻게 하느냐에 따라 회사가 내 꿈을 성장시키는 최고의 인큐베이터가 될 수도 있습니다.

하지만 회사 안에서 내 꿈을 찾기란 결코 쉽지 않습니다. 좋아하면서 잘하는 일을 찾기까지 시간과 비용이 많이 들어가지요. 그래서 직장 상사를 내 편으로 만들어야 하는 겁니다. 상사는 생산성을 높이기 위해 직원의 장단점을 찾아내서 최적의 일을 맡길 책임이 있습니다. 안 맞는 일은 다른 사람으로 바꾸고, 그 사람이 잘하고 좋아하는 일을 찾아서 맡길 수 있는 권한도 있지요. 게다가 상사는 나보다 앞서서 꿈의 인큐베이팅을 경험한 사람입니다. 직장 상사를 내 꿈의 조력자로 만들면 더 수월하게 회사 안에서 내 꿈을 펼칠 수 있습니다.

이 세상에 단번에 되는 일은 없습니다. 꿈과 생계를 하나로 만드는 일은 무척이나 고되고 어려운 일입니다. 회사를 내 꿈의 인큐베이터로 만드는 것도 부단한 노력이 필요한 일이지요. 그래서 우리에겐 '하학상달(下學上達)'의 자세가 필요합니다. 아래에서부터 차근차근 배워서 위로 올라가는 인내와 성실, 모든 직장인에게 꼭 필요한 진짜 실력입니다.

외국에서도 보스 충성심이 제일 중요하다

합본취리(合本取利)
밑천을 한곳에 모아 이익을 챙긴다는 뜻으로,
주변의 사람이나 자원을 활용해 성과를 냄을 이름.

우리에게 '윗분'이라 불리는 직장 상사가 있다면 외국에는 '보스'가 있습니다. 우리나라 직장인들은 윗분이라는 단어에 거부감이 있는데, 사실 알고 보면 보스가 더 센 말입니다. 윗분은 윗사람의 높임말 정도지만, 보스는 실권을 쥐고 있는 최고 책임자란 뜻이거든요. 말하자면 회사에서 나를 쥐고 흔드는 막강한 권력을 가진 사람인 겁니다.

우리는 외국 보스들은 아부를 싫어하고 모든 결정을 객관적으로 할 거라고 생각합니다. 외국 영화나 드라마에 등장하는 보스가 그러니까요. 그래서 윗분에게 잘해야 성공한다는 말은 동양에서나 통한다고 믿습니다. 하지만 현실은 우리 생각과 많이 달라요.

'보스 전략'은 동서양 모두에서
통하는 진리다

──────────── 몇 해 전에 창밖으로 오페라하우스가 보이는 호주 로펌에서 회의를 한 적이 있습니다. 그때 정말 깜짝 놀랐어요. 뭐 하나 빠지는 게 없는 명문대 출신의 변호사들이 파트너 변호사 앞에서 꼼짝을 못하는 거예요. 한 변호사는 파트너 변호사와 반대되는 의견을 개진했다가 제 얼굴이 빨개질 정도로 심한 면박을 당하기도 했습니다. 들어보니 영 틀린 말도 아니었는데요. 그런데 혼이 난 변호사는 어떻게 저렇게 비굴할 수 있을까 싶을 정도로 보스 앞에 납작 엎드리더군요. 누가 자신의 생사여탈권을 쥔 사람인지 잘 알고 있는 거죠.

검토할 내용이 많아서 그다음 날에도 점심을 먹으면서 회의를 했어요. 그런데 어제 그 변호사가 제 음식 시중도 들고 불편한 점은 없냐며 이것저것 챙겨주는 겁니다. 회의실이 아니라 식당 같다는 착각이 들 정도였어요. 우리나라 변호사들에게선 절대 볼 수 없는 모습이었죠. 알고 보니 이유가 있더군요. 제가 파트너 변호사에게 자기 칭찬을 해주길 바란 겁니다. 어제 잃어버린 점수를 만회하기 위해서 말이에요.

로펌의 경우 사건 수임 수에 따른 구체적인 매출 성과도 물론 평가하지만, 클라이언트의 만족도에 따른 정성 평가도 동시에 합니다. 보스의 의중은 대개 정성 평가에서 확연히 드러납니다. 그래서 변호사들은 클라이언트가 보스에게 자기 칭찬을 하는 기회를 마련하기 위해 굳이 식사 자리를 만들기도 하고 문서나 이메일에서도 자신의 성과를 드러내는 방법에 능합니다.

앞에서 말한 호주 로펌 회의 참석 후 한국으로 돌아와서 면박을 당했던 변호사에게 당신 덕분에 이번 일이 잘 성사됐다는 의례적인 메일을 보냈더니, 다음 날 답장이 왔습니다. 저도 모르게 웃음이 나더군요. 그 답장 참조 항목에 파트너 변호사의 이메일 주소도 적혀 있었기 때문입니다. 업무 보고를 핑계로 자연스럽게 자기가 일을 잘해서 이렇게 칭찬을 받았나고 보스에게 이필한 거죠. 선진국은 다른 사람의 평가에 쿨한 줄 알았는데 우리와 별반 다르지 않았던 겁니다.

미국에서는 보스의 권한이 훨씬 더 막강합니다. 법적으로 2주일 전에만 해고 통보를 하면 문제가 없는 상시적 해고가 가능한 사회이기 때문이죠. 게다가 대학 학비가 비싼 미국 사회에서 대졸 출신 직장인이라면 엄청난 학자금 부채를 지고 있기 때문에, 어렵게 들어온 회사에서 해고당할까봐 보스에게 더욱 충성할 수밖에 없어요. 보스 한마디에 절절매는 강도가 우리보다 더하면 더했지 결코 덜하지 않다는 말입니다.

프로 세계에선
충성심이 생명이다

———————— 미국에서 MBA 마지막 학기에 네트워크 수
업을 들었는데 수많은 내용 중에 이 한마디가 제 머릿속에 콕 박혔
습니다. 직장에 들어가면 무조건 보스를 나를 도와줄 천사(angel)와
나를 지켜줄 수호자(guardian)로 만들어야 한다, 그러면서 교수가
그 방법을 가르쳐주더군요.

이전까진 저 역시 서양은 실력이 우선인 사회, 일만 잘하면 성공
할 수 있는 사회라고 생각했습니다. 그런데 미국 명문대 MBA에서
버젓이 '보스를 내 편으로 만드는 방법'을 가르치고 있는 겁니다.
'보스 전략'이야말로 동서양을 초월한 비기임을 깨달은 순간이었
습니다.

다시 말해 동서양을 불문하고 프로들의 세계에서는 보스에 대한
충성심(loyalty)이 절대적입니다. 개인적으로 마음에 안 드는 사람
이어도 일단 내 보스가 되면 무조건 충성해야 합니다. 그런 충성을
보스 한 개인에 대한 맹목적인 충성이 아니라 보스의 강점을 활용
하는 것으로 해석하는 지혜도 필요합니다.

실제로 '경영학의 아버지'라 불리는 피터 드러커도 상사의 강점
활용을 강조한 바 있습니다. "상사의 강점을 활용하는 것은 기본적
인 분별력이기 이전에 부하 직원 스스로 목표를 달성하게 하는 열
쇠다. 부하 직원은 상사의 강점을 활용함으로써 스스로가 해야 할

공헌에 초점을 맞출 수 있다. 그런 부하 직원은 또한 상사의 인정과 지원을 받게 될 것이다. 그것은 부하 직원이 스스로 가치를 부여하는 바를 성취하고 완성할 수 있도록 해준다."(『프로페셔널의 조건』 중에서.) 부하 직원이 상사를 파악하고 그 강점을 활용할 때 부하 직원의 성과는 부쩍 올라가게 된다는 것이지요.

영화 〈인턴〉에서 로버트 드니로는 자신을 뽑아야 할 세 가지 이유를 이렇게 말합니다.

"I am loyal, I am trustworthy, and I am good in a crisis(나는 충성심을 가지고 있고, 신뢰할 수 있는 사람이며, 위기 상황에 잘 대처합니다)."

무슨 말이 더 필요할까요?

'합본취리(合本取利)'라는 말이 있습니다. 밑천을 한곳에 모아 이익을 챙긴다는 뜻으로 혈연이나 학연, 지연 등 자기 주변의 모든 사람을 활용해 성과를 내는 것을 이르는 말입니다. 미국에서도 합본취리를 흔하게 볼 수 있지요.

직장인의 생존법은 국경을 초월해 하나인 것 같습니다. 바로 합본취리의 정신이지요. 나만의 든든한 아군을 만드는 첫걸음은, 충성을 통해 보스를 내 편으로 만드는 것이 아닐까요?

찍혔다고 포기하긴 일러요

개관사정(蓋棺事定)
관 뚜껑을 덮은 후에야 일을 정한다는 뜻으로,
사람이 죽은 후에야 비로소 그 사람에 대한 평가가 제대로 됨을 이르는 말.

여러분은 직장 상사에게 '제대로 찍혔다' 싶은 순간이 있었나요? 저도 한때 그런 적이 있었습니다. 당시에는 모든 것을 포기하고 싶은 마음이 들었죠. 생사여탈권을 쥔 사람의 눈 밖에 났으니 쫓겨나는 건 시간문제라고 믿어버린 적도 있었습니다. 하지만 사람을 망각의 동물이라고 하는 건 그럴 만한 이유가 있어서입니다. 지금 당장은 괴롭고 힘들겠지만 지금부터 어떻게 하느냐에 따라 과거의 실수도 만회할 수 있어요. 상사에게 찍혔다는 것은 곧 '세 가지 기회'가 생겼다는 것을 의미하거든요.

위기의 순간에
세 가지 기회가 찾아온다

──────────── 첫 번째 기회는 '가산점'입니다. 역설적이지만 저성과자들은 조금만 잘해도 정말 잘한 것처럼 가산점이 붙습니다. 학교 다닐 때 3등이던 친구가 1등을 하면 공부 좀 했구나 하죠. 그런데 20등 하던 친구가 10등을 하면 박수가 터져 나옵니다. 코피 터지게 공부했구나, 대단해 보이는 겁니다. 1등보다 10등에게 시선이 집중되는 거죠. 당신도 마찬가지입니다. 지금부터 작은 성과라도 만들어보세요. 상사와 동료 들의 시선이 획 달리질 겁니다.

두 번째 기회는 '반전'입니다. 상사의 예측을 단호하게 배신할 때 당신에게 새로운 길이 열립니다. 직장 생활은 단조롭기 짝이 없습니다. 매일 같은 업무와 같은 일상의 반복이죠. 그런데 가끔 반전의 기쁨을 맛볼 때가 있습니다. 말수도 적고 소극적인 줄 알았던 직원이 회식 자리에서 '흥 부자'로 돌변하면 상사는 그 직원이 다시 보입니다. 보고서 못 쓴다고 구박만 했던 직원이 어느 날 작품에 가까운 보고서를 선보이면, 상사는 그동안 구박했던 게 너무 미안해서 평가를 곱빼기로 해줍니다.

반전이 주는 감동의 효과는 당신이 생각하는 것보다 훨씬 큽니다. 직장 상사가 당신에게 갖고 있던 고정관념을 하나둘씩 바꿔보세요. 아직 못 보여준 숨겨진 모습을 하나둘씩 꺼내보세요. 그러면 상사가 당신에게 가졌던 나쁜 이미지들도 하나둘씩 사라지게 될 겁니다. 오랜 세월 꽃미남 이미지로 고정됐던 리어나도 디캐프리오가 영화 〈레버넌트〉로 결국 오매불망하던 아카데미상을 거머쥔 순간을 당신도 맞이하게 될지 모릅니다.

승부는 마지막 펀치로
결정된다

──────────── 마지막 세 번째 기회는 '라스트 신'입니다. 마지막 평가만 잘 받아도 리스타트는 얼마든지 가능합니다. 영화에 '라스트 신'이라는 말은 있어도 '퍼스트 신'이란 말은 없지요. 두 시간 넘게 영화를 봐도 사람들의 기억 속에 남는 장면은 마지막 5분입니다. 각종 연말 시상식에서 수상 소감은 라스트 신이 기억에 오래 남는 영화나 드라마에 출연한 배우들 차지입니다.

영화 〈록키〉에서 주인공이 계속 두들겨 맞다가 마지막에 주먹을 날려서 이길 때처럼, 언제나 승부는 마지막 한 방으로 결정됩니다. 흘려보낸 시간을 후회할 시간에 앞으로의 시간을 가치 있게 쓴다면 더 큰 성과를 낼 수도 있습니다. 아직 포기하긴 이르다는 겁니다.

회사는 포기한 직원의 책상을 절대 그대로 두지 않습니다. 만약 회사가 당신의 책상을 빼지 않았다면 아직 기회가 있는 겁니다. 회사는 당신을 포기하지 않았는데 지레짐작으로 그만둬버리면 있던 기회마저 날리는 셈이 되는 거지요. 게다가 당신이 먼저 포기하면 직장 상사는 당신에 대해 더 큰 오해를 하게 될 겁니다. 포기하지 않고 끝까지 책임지는 모습을 보이면 실수를 만회할 기회가 생기 겠지요. 그러니 찍혔다고 포기하긴 아직 일러요. 지금이라도 심기 일전해서 다시 시작하면 됩니다.

'개관사정(蓋棺事定)'이라는 말이 있습니다. 당나라 시인 두보(杜甫)가 친구의 아들 소계(蘇係)가 깊은 산중에 들어가 실의에 찬 나날을 보내고 있자 이를 안타깝게 여겨 소계에게 편지를 보냈습니다. "꺾여 버려진 오동나무는 100년 뒤 거문고가 되고 오래된 썩은 물에는 용이 숨어 살기도 하는데, 장부의 일은 관을 덮어야 비로소 성패를 말할 수 있으니 아직 늦지 않았는데 불우함을 원망하지 마라." 소계는 이 편지를 읽고 나중에 그곳을 떠나 노력하여 호남 땅에서 능란한 말솜씨를 가진 세객(說客)이 되었다고 합니다.

낙담한 젊은이에게 용기를 불어준 두보의 이 말은 사람의 운명은 끝까지 알 수 없으므로 실패를 겪어도 좌절하지 말라는 뜻이죠. 직장 생활도 그렇습니다. 일이 잘될 때도 있고 안될 때도 있는데 그때마다 일희일비하면 오히려 더 큰 실패를 낳을 수 있습니다. 상사에게 찍혔다고 주눅 들지 말고, 지금부터라도 당신에게 주어진 세 가지 기회를 잘 활용해서 결정적인 한 방을 날려보세요. 여러분 속의 무한 재능을 꺼내보세요. 어쩌면 이번 연말 시상식의 주인공은 당신이 될지도 모릅니다.

부하 직원들이 공감하는
윗분들의 공통점 TOP 10

적을 알고 나를 알면 백전백승이라고 했지요. 하지만 그보다 앞서
는 것이 있습니다. 윗분을 결코 적으로 만들면 안 된다는 겁니다.
직장이라는 전쟁터에서 살아남으려면 당신에게 동아줄이 되어줄
윗분에 대해 제대로 알아야 합니다. 아직 윗분에 대해 감이 안 오
는 당신을 위해 윗분들의 공통점 열 가지를 소개합니다.

1. 윗분은 소심하고 쫀쫀합니다.

윗분들은 나쁜 일일수록 기억을 잘합니다. 아랫사람의 실수를 절
대 잊지 않지요. 예전 실수를 끄집어내서 지적하는 경우가 비일비
재합니다. 그럴 때마다 윗분을 소심하고 쫀쫀하다고 욕했던 경험
이 많을 겁니다. 하지만 윗분이 아랫사람의 단점을 잘 기억하는 것
은 일종의 생존 본능입니다. 저 직원은 저런 문제가 있구나, 그냥
놔두면 언젠가 대형 사고로 이어질지도 모른다, 이런 생각에 혹시
모를 위험을 예방하기 위한 기억력인 겁니다.

2. 윗분은 변덕이 심합니다.

잘못된 길로 가고 있다는 걸 알면 그 순간 유턴하면 되는데 내비
게이션대로 끝까지 가는 사람들이 있죠. 체면 세우려고 고집 부리

다가 성과를 망치는 대표적인 예입니다. 반면 윗분들은 아니다 싶으면 재빨리 다른 방법을 선택합니다. 그래서 어제 지시와 오늘 지시가 달라지기도 하고, 한 시간 전에 했던 말과 정반대 이야기를 하는 경우도 많습니다. 하지만 그건 변덕이 심한 게 아니라 그만큼 생각이 유연한 겁니다. 한 가지 문제에 대해 수십 가지 시나리오를 고민하는 훈련을 해왔기 때문에 가능한 일이지요. 만약 윗분이 지시를 바꿨다면 그 이유를 물어보세요. 반드시 그럴 만한 근거가 있을 겁니다.

3. 윗분은 포커페이스를 싫어합니다.

모든 윗분은 포커페이스입니다. 직급이 높다는 것은 그만큼 권력 싸움에서 많은 승리를 거뒀다는 것이고, 그만큼 표정을 감추고 속내를 들키지 않는 훈련을 해왔다는 겁니다. 그래서인지 반대로 윗분들은 속이 훤히 보이는 사람을 좋아합니다. 뭔가 딴생각, 딴 주머니, 꼼수가 있어 보이는 사람은 본능적으로 멀리합니다.

이름난 금융회사에서 일하는 J 전무라는 제 친구가 있습니다. 자기 권한으로 15조 원이라는 어마어마한 규모의 투자금을 운용하는 만큼 수재 부하 직원들을 수하에 두었죠. 그 친구는 부하 직원을 평가하는 자기만의 기준을 '투명함'이라고 강조합니다. 그는 점심시간에 혹은 화장실에서 직원들을 만나면 아주 일상적인 안부를 물으며 그들의 반응이 투명한지를 체크하는데 건강한 반응, 담백한 반응, 속임 없는 투명한 반응을 보이는 직원들이 고수익을 위한 건강한 의사 결정을 하기 때문이라고요. 그러다 보니 무언가를 숨기려고 하거나 속내를 들키지 않을까 고양이 털을 세우는 직원에게는 신뢰가 가지 않겠죠.

윗분과 가까워지고 싶다면 자신을 감추지 말고 열린 마음으로 다가가보세요. 모든 것을 완벽하게 잘해내려고 하지 말고, 어느 정도 인간적인 틈을 보이는 것이 윗분과 거리를 좁히는 방법이 될 수도 있습니다.

4. 윗분은 디테일에 강합니다.

윗분은 일에 대한 눈금자가 다릅니다. 소수점까지 꿰뚫어 보는 경우가 많지요. 설렁설렁한 윗분은 없습니다. 사람들은 '쫀쫀'하다고 말하지만 사실은 '촘촘'한 겁니다. 그게 실력이죠.

일례를 들어보죠. 제가 대한조정협회 이사로 있을 때 MBC 〈무한도전〉에서 조정 특집을 했습니다. 〈무한도전〉 김태호 PD는 아랫사람을 시켜도 될 일을 자신이 직접 챙기려고 그 넓은 미사리 경기장을 쉴 새 없이 누비더군요. 유재석도 정말 대단했습니다. 대개 출연진은 제작진의 결정에 그대로 따르기 마련인데, 리더 유재석은 조정 특집이 결정되기 전에 미사리 경기장을 찾아 먼저 조정을 해보면서 조정 특집 결정이 과연 타당한지 직접 살피더군요.

이렇듯 윗분들은 무엇이든 디테일하게 준비합니다. 따라서 디테일에 강한 윗분을 제대로 모시려면 자신부터 디테일에 강해져야 합니다.

5. 윗분은 다른 면을 봅니다.

윗분들은 엉뚱한 이야기를 자주 합니다. 그중에는 말도 안 되는 이야기도 있죠. 하지만 누구도 생각하지 못한 창의적인 방법을 고안해내기도 합니다. 예를 들어 나는 차선을 넓힐까, 자동차 크기를 줄일까 고민할 때 윗분은 고가도로나 해저터널을 생각하는 식이지요. 문제를 바라보는 접근 방법이 다른 겁니다.

박용만 두산그룹 회장을 모실 때도 그런 윗분의 면모를 확인한 적이 있습니다. 음료 배송 직원용 모바일 기기를 구매한 담당 부장이 그 기기에 대해 임원실로 보고하러 들어가자, 박용만 회장은 그것을 앞뒤로 만져보더니 갑자기 벽에 던지는 거예요. 항상 들고 다니는 거면 자주 떨어뜨릴 텐데 내구성이 얼마나 좋은지, 혹시 깨져서 직원들이 다치지 않을지 확인해봐야 한다면서요.

이처럼 우리가 나무만 보고 있을 때 윗분은 숲을 보고, 직원들이 평면을 볼 때 윗분은 입체도형을 봅니다. 남다른 눈으로 사물의 다양한 면을 보면서 가능성을 찾고 새로운 길을 찾는 거죠. 윗분의 엉뚱한 말은 남다른 초점과 한 끗 차이입니다.

6. 윗분은 성격이 급합니다.

윗분치고 양반걸음을 본 적이 없습니다. 대부분 총총걸음이지요. 어찌나 성격이 급한지, 시간 강박증이 있다고 느껴질 정도입니다. 하지만 성격이 급하다는 것은 그만큼 일에 대한 열정이 많다는 것을 뜻합니다. 윗분들이 공통적으로 하는 말이 '교지졸속(巧遲拙速)'이라는 말입니다. 뛰어나지만 느린 사람보다 미흡해도 빠른 사람이 낫다는 거지요. 보고서를 빨리 내면 그만큼 피드백을 빨리 받아 수정할 시간이 생기고, 속도가 빨라지면 더 많은 보고서를 내서 더 많은 성과를 거둘 수 있으니까요. 그러니 윗분이 자꾸 재촉한다고 투덜대지 말고 윗분의 시계에 맞춰서 움직여보세요.

7. 윗분은 눈치가 빠릅니다.

눈치가 빠르다는 것은 상황을 알아차리는 능력이 강하다는 겁니다. 분위기를 파악하거나 상대방의 기분을 헤아리는 능력이 뛰어나죠. 표정만 봐도 무슨 생각을 하는지 꿰뚫어 보고 그에 맞는 행동을 취합니다. 눈치가 빠른 사람일수록 사회생활에서 성공할 확률이 높은 것은 그래서입니다. 실제로 윗분들은 거의 점쟁이 수준으로 눈치가 빠릅니다. 사각지대가 없고 앞으로 벌어질 상황까지 예측하는 경우도 있지요. 그러니 윗분과 가까워지고 싶다면 지금부터라도 눈치를 길러야 합니다. 눈치 빠른 윗분들이 가장 못 견디는 사람이 바로 눈치 없는 곰들이니까요.

8. 윗분은 체력이 좋습니다.

물론 하늘이 내린 체력도 종종 있습니다만, 대부분의 윗분은 '셀프 모티베이션'이 강한 사람들입니다. 스스로 모터를 달고 수시로 닦고 조이고 기름칠을 합니다. 끊임없이 스스로 동기부여를 하니까 고장 날 틈이 없고 아플 새가 없는 겁니다. 게다가 윗분은 성취감을 먹고 자라는 '일나무'인 경우가 부지기수입니다. 일할수록 더욱 힘이 나는 일나무에게 신뢰를 얻으려면 체력부터 길러야겠죠. 자기만의 체력 관리 방법을 찾고 안 보이는 곳에서 틈틈이 휴식도 취해야 합니다. 직장인에겐 체력도 실력입니다.

9. 윗분에겐 흠도 있지만, 결정적인 한 방도 있습니다.

윗자리로 올라가려면 흔히 말하는 파워 게임을 거치기 마련입니다. 그 과정에서 흠이 생기게 되지요. 아랫사람들에게 야근을 많이 시킨다는 비난을 들을 수도 있고, 회사에 대한 충성심이 누군가에겐 '문고리 권력'으로 보일 수도 있습니다. 그러나 우리가 주목해야 할 것은 윗분의 흠이 아니라 그가 가진 한 방입니다. 그 한 방에 그의 생존 핵심 역량이 모두 들어 있습니다. 그의 약점에 일희일비하지 말고 그의 강점을 내 것으로 만드는 게 현명하겠죠.

10. 윗분은 주관이 뚜렷하지만 자신을 낮출 줄도 압니다.

모든 윗분은 자신만의 강점을 가지고 있고 자신이 잘하는 분야에 에너지를 집중합니다. 그리고 자신 없는 분야에는 절대 무리수를 두지 않습니다. '추사유시(趨舍有時)'라는 말이 있지요. 사람의 진퇴에는 각각 그 시기가 있다는 뜻입니다. 윗분들은 나아갈 때와 물러날 때의 경계를 잘 압니다. 아무리 반대가 거세도 자신의 주장을 밀어붙일 때와, 보기 민망할 만큼 납작 엎드려야 할 때를 잘 압니다. 현명한 사람들은 물러나야 할 일에 무리하지 않습니다. 주관을 내세우되 자신을 낮추는 힘, 당신이 보스에게 배워야 할 생존 전략입니다.

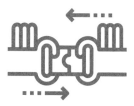

PART 2

BAD BOSS:
좋은 라인을 당기는 힘, 나쁜 라인을 밀어내는 힘

내가 회사를 떠나고 싶은 이유는 돈 때문도, 일 때문도 아니다.

바로 사람 때문에. 새로운 보스가 온 뒤로 모든 게 달라졌다.

버티는 게 답일까, 어떻게 잘 버틸 수 있을까?

나를 구원해줄 보스는 어디에 있는 거지?

나를 호구로 보는 배드 보스, 어떻게 대처할 것인가

양금택목(良禽擇木)
좋은 새는 나무를 가려 둥지를 튼다는 뜻으로,
어진 사람은 훌륭한 임금을 가려 섬김을 이르는 말.

직장인들을 상담하다 보면 꼭 빠지지 않는 스트레스 주범이 있습니다. 바로 '배드 보스(Bad boss)'들이죠. 얼마 전 저를 찾아온 P 대리도 정말 미칠 것 같은 표정으로 자신의 사연을 털어놓기 시작했습니다. 회사 안에 소문난 '악마 팀장' 밑으로 부서 발령이 났는데 벌써부터 원형탈모가 오기 시작했다는 겁니다.

배드 보스들은 자신의 이익을 위해 아랫사람들에게 어떤 형태로든지 피해를 줍니다. 그 팀장 역시 온갖 공은 자기가 다 차지하고 모든 책임은 팀원에게 돌리는 전형적인 나쁜 상사였습니다. 얼마 전에도 P 대리가 한 달 내내 공들여 만든 기획안에 자기 이름만 올려서 보고를 했는데, 정말 욕이 나올 뻔했다고 하더군요.

"그래도 회사에서는 아직 권력이 막강해서 함부로 잘못 보일 수도 없고, 그렇다고 눈앞에 뻔히 보이는 호구의 길을 갈 수도 없고…… 정말 하루하루가 괴롭습니다."

배드 보스에겐
착취 매뉴얼이 있다

─────────────── 인간관계가 무엇 하나 쉬울 리 없지만 제 경험상 사람은 배드 보스 밑에 있을 때 가장 극심한 스트레스를 받습니다. 왜냐하면 그가 '싫어질수록 두려워지기' 때문이죠. 싫으면 안 보면 그만이라지만 배드 보스에겐 그럴 수도 없고 그저 두려운 마음이 극심해질 뿐이지요. 이 때문에 옴짝달싹 못하는 무기력감과 자신의 이중적인 모습이 싫어지고요. 그러니 '멘붕' 직전인 P 대리의 모습은 지극히 정상인 겁니다.

자, 그럼 지금부터 어떻게 하느냐. 일단 '극복'이라는 옵션은 치워야 합니다. '정신적으로 이겨내자' 혹은 '맞서자'는 전략은 현실성이 없어요. 남을 이용해먹는 데 능한 배드 보스들은 공통적으로 '실무 능력'은 부족하지만 '착취 능력'은 탁월합니다. 자리 보존과 성공에 대한 탐욕이 키워낸 능력이지요. 그 능력을 '극복'이라는 방법으로 당해낼 수는 없습니다.

제가 본 배드 보스들도 자신만의 착취 매뉴얼을 하나씩 갖고 있

　　　　　　　　　누가 오래가는가

더군요. "쟤는 딴것 필요 없고 휴가만 보내주면 말 잘 들어", "쟤는 가끔씩 큰소리를 내면 고분고분해져"라는 식으로 강온 전략을 쓰면서 아랫사람을 능수능란하게 이용합니다. 신뢰하는 척하며 남을 이용해먹기 때문에 자기가 피 빨리고 있다는 사실조차 모르는 직원도 있어요. 그런 노하우로 그 자리까지 올라갔으니 당해낼 재간이 없지요.

저는 이럴 때 송나라 사마광(司馬光)이 지은 『자치통감(資治通鑑)』에 나오는 36번째 계책을 '강추'합니다. '주위상책(走爲上策)', 그러니까 그를 피해 줄행랑을 치라는 것이죠. 단, 현실적으로 내 마음대로는 도망칠 수 없으니 그가 스스로 당신을 '버리게' 만들어야 합니다.

모든 배드 보스가 가장 좋아하는 아랫사람은 당연히 '일 잘하는 순둥이'입니다. 나 대신에 성과를 내주는 데다 말도 잘 들으니 한 번 입에 물면 절대 놓지 않죠. 이 때문에 호구의 개미지옥에 갇히게 됩니다. 그렇다면 가장 싫어하는 사람은 누굴까요? 당연히 성과를 내지 못하는 '저성과자'입니다. 자기 인생에 도움이 안 되니까요.

물론 처음에는 성과를 내라고 들들 볶겠죠. 그러나 이때 굴복해서 따르기 시작하면 본격적인 '착취 모드'에 들어갑니다. 끝까지 버티고 만만하지 않다는 걸 보여줘야 그의 관심 범위에서 멀어질 수 있어요. 『손자병법』에 '필사가살(必死可殺)'이라는 말이 있습니다.

배드 보스라고 해서 죽자고 덤비면 정말 죽을 수도 있어요. 분노와 정의감으로 한번 해보자고 섣불리 덤비면 안 됩니다. 훗날을 기약하면서 그가 스스로 나를 놓아줄 때까지 이를 악물고 버텨야 합니다.

회사에서 저성과자가 된다는 건 그만큼의 리스크도 감수해야 하는 일입니다. 따라서 정말 악질적인 배드 보스를 만났을 때, 헤어지는 것 말고는 답이 없을 때 써야 하는 마지막 방법임을 명심해야 합니다.

스스로 포기할 때까지
이 악물고 버텨라

──────────── 사실 장기적으로 보면 배드 보스 밑에 오래 있는 것 자체가 안 좋을 수 있어요. 부서 이동할 때 '출신 성분'을 따지는 윗분들도 꼭 있으니까요. 저만 해도 새로운 팀원이 오면 누구랑 일했는지 꼭 물어봤습니다. 부서장 밑에서 뭘 보고 배웠는지 파악하려고요. 소문난 배드 보스 밑에 있었다고 하면 뭘 제대로 배우기나 했을까 걱정이 앞서는 것이 사실입니다. 반면에 인사고과에서 줄곧 A를 받던 친구가 배드 보스 밑에 있던 몇 년간은 C를 받았다면 그간 얼마나 마음고생이 심했을까 눈에 선히 그려지면서 그 심정이 이해가 가더군요.

배드 보스들이 조직에서 승승장구하는 것이 냉혹한 현실입니다. 직원들 입장에서는 이해가 안 가죠. 그의 악행을 회사도 어느 정도 알 텐데 왜 눈감아주는지 답답하기만 하죠. 그러나 직원들에게 나쁜 상사가 조직 입장에서도 나쁜 건 아니에요. 배드 보스일수록 욕심이 많고 사람을 능수능란하게 착취합니다. 회사 입장에서는 목표 의식이 강하고 투지가 넘치고 부하 직원들을 잘 움직여서 성과를 내는 것으로 보이죠. 오히려 직원들에게 한없이 따뜻하고 공명정대한 굿 보스가 성과를 내지 못하면 조직은 그를 가장 무능력한 배드 보스로 취급할 겁니다.

하지만 욕심이 지나치면 항상 끝이 좋지 않은 법이죠. 제가 본 많은 배드 보스도 결국엔 자기 발에 걸려서 넘어지거나 또 다른 누군가의 견제로 무너지곤 했습니다.

'양금택목(良禽擇木)'이라는 말이 있지요. 좋은 새는 나무를 가려 둥지를 튼다는 뜻으로, 어진 사람은 훌륭한 임금을 가려 섬긴다는 의미입니다. 조만간 당신을 키워줄 사람에게 둥지를 틀게 될 날이 올 겁니다. 지긋지긋한 그 인간과 헤어질 날은 생각보다 빨리 옵니다. 그러니 조금만 더 힘을 내요. 지금 배드 보스 밑에서 암흑기를 보내고 있는 후배들에게 뜨거운 위로와 격려를 보냅니다.

도저히 좋아지지 않는 보스를 견디는 법

백두여신(白頭如新)
머리카락이 희어지도록 오래 사귀어도 새롭게 보인다는 뜻으로,
마음이 맞지 않는 사람은 아무리 오래 알아도 친해지기 어렵다는 의미.

만나는 윗분마다 젠틀맨일 수는 없지요. 아무리 노력해도 도저히 좋아지지 않는 보스도 있는 법입니다. 저도 그랬습니다. 일 잘하는 상사를 모시면 몸은 힘들어도 일머리는 배울 수 있는데, 처세에만 능한 상사 아래서는 배우는 것도 없고 몸과 마음이 모두 힘만 듭니다. 그냥 힘든 정도가 아니라 도저히 못 견딜 정도입니다.

저는 어느 정도였냐면, 밥 먹을 때 그분이 깍두기 씹는 소리도 싫고, 단둘이 엘리베이터를 타면 숨이 막혀 죽을 것 같고, 그분과 친하게 지내는 다른 직원들까지 덩달아 싫어지고 그랬습니다. 보기 싫은 사람을 계속 보는 고통이 얼마나 큰 것인지 제대로 절감했습니다.

배드 보스에게
스트레스 안 받는 법

—————————— 저도 노력을 안 해본 게 아닙니다. 혹시 내가 모르는 좋은 면이 있을까 싶어서 단둘이 술잔을 기울이며 속 깊은 대화를 나눠보기도 하고, 앞으로 형님 아우로 지내자며 부둥켜안기도 여러 번이었죠. 미운 정이 백 번쯤 쌓이면 고운 정이 한 번 정도는 생길지도 모른다고 스스로에게 최면을 걸기도 했습니다. 하지만 다 부질없는 일이더군요. 다음 날 출근해보면 언제 그랬냐는 듯 다시 내가 알던 그분으로 돌아와 있었습니다. 사람이 쉽게 변할 거라고 기대한 제가 어리석었던 거죠.

그래서 차선으로 택한 방법이 처음에는 그분과의 접점을 최대한 줄이는 거였습니다. 둘이 해도 되는 회의지만 굳이 다른 직원들을 참여시켜서 시선을 분산시키고, 꼭 필요한 경우가 아니면 그 상사와 함께 가야 하는 외근과 출장은 다른 직원에게 미뤘습니다. 여럿이 참석하는 회식은 가도 소규모나 단둘만의 식사 자리는 가급적 피했지요.

그러면서도 불안한 마음이 들더군요. 미워하는 마음이 커질수록 혹시나 내 마음을 들켜서 미운 털이 박힌 채 쫓겨날까봐 걱정이 되기 시작하는 겁니다. 급기야 상사에게 문제가 있는 게 아니라, 상사와 잘 지내지 못하는 나에게 문제가 있는 건 아닐까 하는 자책마저 들었습니다.

그도 그럴 것이 당시 주변 사람들에게 상담 비슷한 것을 했는데 아무도 제 편을 들어주지 않는 겁니다. "혹시 그러다 잘리면 너만 손해다. 괜히 눈 밖에 나지 말고 그럴수록 잘해라"라며 혼내는 사람이 있는가 하면, "윗분이 상전인데 네가 맞춰야 별수 있냐? 어떻게든 잘 지내봐"라며 어설프게 충고하는 사람도 있었습니다.

윗사람과 잘 지내면 윗사람의 인정만으로도 충분히 힘을 낼 수 있습니다. 하지만 윗사람과 사이가 나빠지면 다른 곳에서 영양분을 섭취해야 합니다. 같이 상사를 욕해줄 사람, 나를 비난하지 않고 내 행동을 지지해줄 사람, 윗사람 때문에 얼어붙은 마음을 따뜻하게 녹여줄 사람이 절실합니다. '다른 사람에 비하면 너는 정말 잘하고 있는 거다, 이 또한 지나갈 거다, 너를 항상 응원하고 있다'라며 내게 힘을 주는 사람이 필요한 것이지요.

당시에 제가 가장 힘을 얻은 한마디는 "일단 견뎌라. 싫은 윗사람도 모시고 일할 줄 알아야 네가 더 클 수 있다"는 응원의 말이었습니다. 지금도 제 방에는 영화 〈대부〉에 나오는 유명한 대사인 "친구는 가까이에 두고, 적은 더 가까이에 두라"는 글귀가 걸려 있습니다.

친구는 가까이에 두고,
적은 더 가까이에 두라

——————————— 아무리 싫은 상사라도 백안시해서 뒷담화를
하거나 무시하며 멀리하면 그것이 부메랑이 돼서 나에게 돌아오기
마련입니다. 상사와 잘 지내지 못하면 각종 평가나 업무 배정에서
불이익을 받는 것은 물론이고, 일이 잘못됐을 때 상대적으로 약자
인 내가 모든 비난을 감수하기 십상이지요. 싫은 상사를 만났을 때
당장 사표를 내도 괜찮은 상황이라면 몰라도, 그렇지 않다면 일단
버티면서 심리적으로 탈진하지 않도록 자신을 방어해야 합니다.

저는 두 가지 방법을 찾아냈습니다. 하나는 심리적 탈진을 막기
위해 내게 공감해주고 내 편이 되는 서포터들을 회사 안에 많이 만
든 것입니다. 계열사까지 확대해서 수많은 지원군을 만들었는데,
그 덕분에 마음의 방황을 잠재울 수 있었고 상황이 더 이상 나빠지
는 것도 막을 수 있었습니다.

두 번째로 찾은 방법은 미친 듯이 일해서 높은 성과를 올리는 겁
니다. 고성과를 내면 아무리 고약한 윗분이라도 순한 양이 됩니다.
조금 대들어도 일을 잘하면 윗분이 맞춰주기 시작하죠. 회사 안에
서 고성과자는 막강한 권력을 쥐게 되니까요. 억울한 만큼 더 세게
일해야 그다음이 생긴다는 겁니다.

'백두여신(白頭如新)'이라는 말이 있습니다. 마음이 맞지 않는 사
람과는 머리가 희어질 때까지 사귀어도 절대 친해지지 않는다는

뜻입니다. 세상에는 '케미'가 절대 맞지 않는 사람도 있는 법이니까요. 만약 친구 사이라면 안 만나면 그만입니다. 하지만 매일 얼굴을 보고 함께 일해야 하는 상사와 안 맞으면 어떻게 해야 할까요.

그럴 땐 타산지석의 교훈을 떠올릴 필요가 있습니다. 다른 산에서 나는 거칠고 나쁜 돌이라도 숫돌로 쓰면 자기의 옥을 갈 수 있습니다. 아무리 싫은 윗분이라도 배울 것이 하나쯤은 있게 마련입니다. 하다못해 내가 보스가 되면 저렇게 하지 말아야지 하고 결심이라도 하게 되죠.

제가 겪어보니 싫은 윗분이라도 멀리하는 것이 능사는 아니더군요. 안 맞는 것은 안 맞는 것이고, 배울 것은 배우는 실사구시의 정신이 필요한 것 같습니다. 만약 지금의 보스를 견디기 어렵다면 피하기만 할 게 아니라 나만의 지원군을 만들고 높은 성과를 올려서 정면으로 돌파해보는 건 어떨까요?

새 보스와의 불편한 관계, 어떡하죠?

원교근공(遠交近攻)

먼 나라와는 친하게 교류하고 가까운 나라는 공격으로 굴복시키는 병법으로,
인간관계에 적용하면 가까운 사람을 공략하기 위해 먼 사람을 활용한다는 의미.

평소에 친하게 지내던 K 대리가 얼마 전에 다급한 목소리로 전화를 했습니다. 최근에 팀을 옮겼는데 새로 모시게 된 팀장과 문제가 생겼다는 겁니다. 회사 내에서 평판도 좋고 성격도 시원시원한 분이라는 이야기를 들은 터라 안심하고 있었는데, 막상 함께 일해보니 자신과 일하는 스타일이 완전 정반대라는 거죠. 다른 팀원들에겐 그렇게 자상한데 자기한테만 벌써 한 달째 냉기가 흐른다며 어떻게 해야 할지 방법을 묻더군요. 제가 내린 처방은 간단합니다. 제3자를 적극 활용하라는 겁니다.

국제적으로 양대 진영이 전쟁을 일으키면 어느 편에도 서지 않은 중립국이 중재를 맡게 됩니다. 어느 일방에 어떤 도움도 주지

않고 공평을 원칙으로 타협을 이끌어내는 거지요. 스위스나 핀란드 같은 나라가 대표적인 중립국입니다. 네 편도 내 편도 아닌 중간자적 존재가 둘 사이를 부드럽게 만들어주는 윤활유 역할을 하는 겁니다.

사람 관계도 다르지 않지요. 사이가 틀어진 당사자에겐 어려운 일이 제3자에겐 쉬울 수 있습니다. 넉살 좋은 조력자를 잘 활용하면 멀어진 사이를 좁히는 기회가 될 수도 있습니다.

내 편도 네 편도 아닌
중립국을 활용하라

——————— 이때 조력자는 '승상접하(承上接下)'를 잘하는 사람이어야 합니다. 승상접하란 윗사람을 잘 모시고 아랫사람을 잘 거느려서 둘 사이를 잘 이어주는 것을 말합니다. 직장 상사와 사이가 애매할 때 이미 상사에게 총애를 받고 있는 사람을 조력자로 삼는 것이 좋습니다. 그가 중간에서 상사와 당신 사이를 이어주는 오작교 역할을 맡게 하는 거지요. 미우나 고우나 앞으로 같이 일해야 할 상사라면 하루빨리 조력자를 활용해서 관계를 풀어야 합니다.

만약 적당한 사람이 없다면 '원교근공(遠交近攻)'의 지혜를 발휘하는 방법도 있습니다. 먼 나라와 연합해서 가까운 나라를 공격하는 병법을 말합니다. 도저히 상황이 해결될 기미가 안 보인다면 멀리 있는 윗분에게 도움을 요청하는 것도 방법이 될 수 있다는 말입니다. 실제로 가까운 윗분과의 갈등을 먼 윗분이나 윗분의 윗분이 손쉽게 해결해주는 경우를 많이 봤습니다.

물론 단번에 풀리지는 않을 겁니다. 아무리 제3자가 도와준다고 해도 섭섭한 마음이 눈 녹듯 사라지진 않겠지요. 표현은 안 해도 마음속엔 응어리가 남을 겁니다. 이때 필요한 것이 바로 '잔 펀치' 기술입니다. 우선 결정적인 한 방을 날린 후에 KO가 될 때까지 작은 펀치를 계속 날리는 거죠. 나쁜 KO가 아니라 좋은 KO 말입니다.

잔 펀치 기술을 활용할 땐 한 가지만 명심하면 됩니다. 윗분과 '맞춤형 스킨십'을 하는 겁니다. 보스가 미식가라면 점심마다 맛집 순례를 다니고, 저녁 방황형 보스라면 가끔 퇴근 후 먼저 술자리를 권하고, 자기계발을 중요하게 생각하는 보스라면 읽을 만한 책을 선물하는 것도 좋겠지요. 보스가 좋아하는 것을 맞춤형으로 공략해서 마음의 거리를 좁히는 겁니다.

보스와의 거리를 좁히기 위해서는 가끔 바보와 천재를 오가는 멀티플레이어가 되어야 합니다. 상사가 술자리를 좋아한다면 한 번쯤 미친 사람처럼 술도 마시고 노래도 불러보는 것이 방법이 될 수 있습니다. 자존심을 구겨가며 아부하는 아랫사람이 되라는 것이 아닙니다. 어떤 방식이든 보스의 취향과 성격에 맞춰 내가 당신

편이라는 걸 표현해보란 거죠. 먼저 내민 손길을 내치는 경우는 흔하지 않으니까요.

준비 없이
링 위에 올라가지 마라

─────────── 만약 새로운 상사 밑으로 들어가야 한다면 '새 술은 새 부대에 담는다'는 말을 꼭 기억해야 합니다. 새 상사는 새로운 마음가짐으로 대해야 한다는 뜻입니다.

또한 권투 선수가 링 위에 오르기 전에 최소한 상대의 전력과 장단점 정도는 두루 파악하듯이, 새 상사에 대해서도 준비가 필요합니다. 단 며칠이라도 그의 성격이나 업무 스타일 등을 꼼꼼하게 알아보는 과정을 거쳐야 한다는 거죠. 그리고 일단은 그에게 최대한 맞추는 일종의 연착륙 방법을 써야 합니다.

새 윗분과 갈등이 생기는 이유 중 하나는 그와 희로애락을 충분히 겪지 않았기 때문입니다. 모든 관계가 적어도 함께 사계절은 겪어야 공감대도 생기고 정도 쌓이는 법인데, 그러지 못한 처음에는 충돌이 일어나기 쉽겠지요. 그러니까 일단 처음 몇 달간은 자신의 색깔을 살짝 감추고 윗분과 팀 분위기에 적응하는 시간을 가져야 합니다. 윗분과 맞춤형으로 친해지는 구간을 두는 거지요.

의욕이 넘쳐서 직언을 한다거나 막무가내로 자기 스타일을 고집

하는 건 미움 받는 첫걸음임을 명심해야 합니다. 친해진답시고 가벼운 농담만 던지지도 마세요. 농담은 서로 잘 알게 된 후에 해도 늦지 않습니다. 설령 새 상사가 몇 번 농담을 받아줬다 해도 그것을 벌써 친해졌다는 의미로 해석하는 것은 금물입니다.

만약 지금 새 상사와의 관계 때문에 고민이라면 내가 고립무원 상태에 놓인 것은 아닐까 점검해보아야 합니다. 자기 스타일을 고집하다가 주변에 도움을 청할 데도 없이 외톨이가 돼서는 안 되겠죠.

고객 맞춤형으로 일하는 데 거부감이 없다면, 부스 맞춤형이라고 못 할 이유가 있겠습니까. 먼저 다가가 새 보스를 내 편으로 만드는 일에 익숙해지길 바랍니다.

고객을 내 편으로 만드는 필살기

고굉지신(股肱之臣)
다리와 팔같이 중요한 신하라는 뜻으로,
임금이 가장 신임하는 신하를 이르는 말.

꽤 오래전의 일입니다. 업무 때문에 힐튼호텔에 갔다가 지하 식당에서 우연히 김우중 대우그룹 회장을 본 적이 있습니다. 외국인과 함께 설렁탕을 먹고 있었는데 회장님답지 않게 밥 먹는 속도가 꽤나 빠르더군요. 무슨 급한 일이 있나 보다 싶었죠. 잠시 후 김우중 회장과 다시 마주쳤는데, 이번엔 엘리베이터 문을 잡고서 거의 90도로 고개를 숙이고 있는 겁니다. 나중에 알고 보니 외국 바이어 접대 자리였는데 상대가 밥을 빨리 먹으니까 자신도 속도를 맞춰서 빨리 먹고, 옆에 수행 비서가 있는데도 자신이 직접 엘리베이터 문을 잡고 안내한 거였습니다.

당시만 해도 대우그룹이 한창 잘나갈 때였습니다. 게다가 김우

중 회장은 그때 이미 백발이 성성한 노인이었는데도 자기 고객에게 그렇게 깍듯하게 의전을 한 것이었습니다. 호텔 로비여서 보는 눈도 많았는데 전혀 개의치 않고요.

그날 일로 깨달은 것이 하나 있습니다. 재벌 회장 위에는 아무도 없는 줄 알았는데 바로 고객이 있더군요. 내가 모셔야 할 진짜 윗사람도, 나의 보스의 윗사람인 고객이었습니다.

최상위 윗사람,
'고객'에게 맞춰라

──────────── 우리 샐러리맨들은 매달 월급을 받습니다. 이 월급은 누가 주는 걸까요? 회사? 사장님? 결국 모든 돈은 고객의 주머니에서 나옵니다. 이 땅의 모든 사장님이 '고객이 왕이다'를 외치고, 전 세계 모든 기업이 '고객 제일주의'를 천명하는 것은 그래서입니다. 특히 지금처럼 장기 불황이 예상되는 저성장 시대에는 고객을 제대로 모시는 것보다 더 확실한 생존법은 없지요. 회사와 나를 먹여 살릴 사람은 결국 고객밖에 없으니까요. '고객은 항상 옳다'는 말은 그래서 옳은 겁니다.

당신은 이런 말을 할 수도 있겠네요. 나는 영업직이 아니라 사무직이어서 고객을 만날 기회가 없으니, 고객을 제대로 모시는 방법은 알 필요가 없다고요. 하지만 당신이 고객을 모시게 되는 때는 수없이 많습니다. 당신의 윗분에게 찾아오는 손님 대다수가 실은 윗분의 고객이자 당신의 고객이니까요. 따라서 당신 역시 고객을 제대로 모시는 방법을 알아야 합니다. 그러니 다음의 예를 잘 읽어 보시기 바랍니다.

어느 날 당신이 모시는 상무님에게 손님이 찾아왔습니다. 대화가 무르익어 자연스럽게 식사 자리로 이어졌고, 의전을 위해 당신도 같이 식사를 하게 됐죠. 손님은 스테이크를 주문했고 상무님도 스테이크를 주문했습니다. 그걸 본 당신이 이렇게 말합니다. "상무님, 채식하시면서 왜 고기를 시키세요?" 그럭저럭 대화가 끝나고 손님과 헤어지려는데 그분의 차보다 상무님 차가 먼저 식당 문 앞에 도착했습니다. 그때 당신이 재빨리 뛰어가 차 문을 열고 이렇게 말합니다. "상무님, 타시죠." 이날 당신은 고객은 물론 상무님에게 어떤 실수를 한 걸까요?

모든 자리에는 최상위자가 있기 마련입니다. 상무와 부사장이 있으면 부사장이 윗사람입니다. 부사장과 사장이 있으면 사장이 윗사람이지요. 그렇다면 상무와 사장과 고객이 함께 있는 자리에선 서열이 어떻게 될까요? 고객 앞에서는 사장도 '을'입니다. 따라서 그런 자리에 당신이 함께했다면 당신은 상무도 사장도 아니고 고객을 모셔야 합니다. 상무도 모시고 사장도 모시는 게 아니라, 상무와 사장과 한 팀이 되어 고객을 가장 윗분으로 모셔야 하는 겁니다. 고객이 VVIP 대접을 받는다고 느끼게 해주는 것이 중요합니다. 김우중 회장이 그랬던 것처럼 말이죠.

　이런 까닭에 고객을 응대하는 자리에서 눈치 없게 자꾸 윗사람을 챙기면 윗사람이 오히려 불편해질 수 있어요. 사전에 윗사람에게 고객 응대 수위와 강도를 어느 정도에 맞춰야 하는지 물어보는 것도 좋습니다. 중요한 것은 고객을 만나러 가는 지금 이 순간부터 '나의 가장 윗사람은 고객'이라고 머릿속에 세팅하는 것이죠. 모든 판단을 윗분의 윗분인 고객에게 맞추는 것, 회사원이 갖춰야 할 기본 상식입니다.

누가 당신의
진짜 고객인가

──────────── 한국중견기업연합회 부회장이자 국내 최고 로펌 중 한 곳에 몸담고 있는 최선집 변호사는 '고객이 최고 윗사람'이라는 것을 몸소 보여준 분입니다. 최선집 변호사를 처음 만난 건 2002년 현대차그룹에서 법무팀 차장으로 일할 때였는데, 까마득한 후배인 저를 고객이라는 이유로 한껏 몸을 낮추고 대하더군요. 물론 업무상 만났으니 존칭을 쓰는 건 당연했지만, 같은 말이라도 전해지는 느낌이나 분위기라는 것이 있잖아요. '이분은 나를 진심으로 대하는구나. 후배인 내게도 존경과 예의를 갖추는 분이구나.' 정말 존경하지 않을 수 없었습니다.

최선집 변호사와 알고 지낸 지 벌써 15년이 흘렀지만, 사람이 참 한결같다는 생각을 합니다. 보통 그 정도 시간이 흐르고 개인적인 친분이 쌓이면 편하게 대할 법도 한데, 이후 저의 직급이 여러 번 바뀌는 동안에도 단 한 번도 저를 다르게 대한 적이 없거든요. 시간이 지나도 항상 예의 바르고 친절한 그분을 보고 있노라면 고객은 이렇게 모셔야 하는 거구나 싶은 생각이 절로 듭니다.

IMF 경제 위기의 광풍이 몰아치던 때, 한 대기업 회장이 인사 담당자를 혼내면서 이렇게 말했다고 합니다. 당신의 배려 없는 해고 절차 때문에 쫓겨난 직원들이 평생 우리의 적이 됐다고요. 당일에 해고 통보를 받은 사람들은 억울해서라도 앞으로 자기네 제품을 사지 않을 거라는 지적이었던 거죠.

내공 있는 보스들은 어떤 순간에도 경거망동하지 않습니다. 24시간 CCTV 아래에서 생활하는 것처럼 예의와 배려가 몸에 배어 있습니다. 제가 현대차그룹에 있을 때 영업 담당 부사장과 회의를 하던 중 그의 전화벨이 울렸습니다. 회의까지 중단하고 너무나 친절하게 전화를 받기에 누구냐고 물어봤지요. 그런데 잘못 걸려온 전화라는 겁니다. 왠지 그는 보이스 피싱 전화도 공손하게 받을 것 같더군요. 고객을 내 편으로 만들려면 이 정도는 되어야 합니다.

영화 〈킹스맨〉에 이런 대사가 나옵니다. "매너가 사람을 만든다." 몸에 밴 예의와 배려, 바로 그것이 윗사람인 고객을 모시는 출발점입니다.

제가 후배들에게 자주 하는 말이 있습니다. 고객에게 다리와 팔처럼 중요하게 느껴지는 '고굉지신(股肱之臣)'이 되어야 한다고요. 윗사람의 윗사람인 고객을 내 편으로 만들고 싶다면 반드시 곱씹어봐야 할 말입니다.

부족한 부장님 뒤치다꺼리하느라 힘들어요

능자다로(能者多勞)
재능 있는 사람이 남보다 더 수고한다는 뜻으로,
능력이 있는 사람일수록 더 많은 일을 하게 된다는 의미.

일 못하는 보스를 모시는 것처럼 힘든 일도 없지요. 의사소통이 서툰 직장 상사는 업무 지시를 애매하게 해서 아랫사람을 고생시키고, 추진력 없는 상사의 결정 장애는 팀원 전체를 성과 없는 나락으로 내몰곤 합니다. 죽도록 열심히 일해도 능력 없는 상사가 길목을 막고 있는 바람에 연일 승진에서 누락되기도 하죠. 일 잘하는 아랫사람 입장에선 일 못하는 윗사람이 자신의 성공을 막는 걸림돌로 여겨질 겁니다. 하지만 시선을 조금만 바꾸면 상황은 180도 달라집니다.

윗사람의 빈틈은
절호의 기회다

─────────── 예전에 보고를 진짜 못하는 상사를 모신 적이 있습니다. 보고의 목적은 결재를 받는 건데 그 상사는 매번 사인란이 공백인 채로 돌아오곤 했지요. 나중에 통과되기는 했지만 착수 시기가 늦어져서 성과로 이어지지 못하는 경우도 많았습니다. 그래서 보다 못한 제가 상사와 함께 결재를 받으러 들어갔습니다. 그 자리에서 실제 업무를 맡고 있는 제가 상사 대신 보고를 드렸지요.

결과가 어땠을까요? 저는 제가 보고를 그렇게 잘하는지 그때 처음 알았습니다. 사실 그렇게 잘한 편은 아니었는데 제 상사와 비교해 제가 월등히 잘한 것처럼 보인 거죠. 의도한 건 아니었지만 그 이후로 보고는 제 담당이 됐습니다. 상사가 먼저 슬며시 저에게 보고를 미룬 겁니다.

그러면서 언젠가부터 제 상사의 윗분이 문제가 생길 때마다 제 상사를 건너뛰고 저를 호출하기 시작했습니다. 직통 채널이 생긴 겁니다. 그렇게 시공간을 공유하다 보니 거리가 점차 좁아졌고, 급기야 제 상사의 윗분이 저의 수호천사로 변신하게 됐습니다. 상사의 단점이 저에게 더 큰 보스를 모시는 굉장한 기회를 제공한 셈입니다.

그 일이 있기 전까지는 저도 능력 없는 상사 밑에 있을 때면 늘 하늘 탓을 했지요. 그런데 알고 보니 그게 다 저에게는 실력을 쌓을 기회였던 겁니다. 가령 말주변 없는 상사의 허점을 메꾸려고 소통의 기술을 익힌 것, 소심한 성격의 상사를 대신해 회의를 주재하다 보니 어느새 추진력이 생긴 것 등이 모두 내 장점이 되어 있었습니다.

윗사람의 약점 커버하기가
진짜 자기 관리

──────────────── 사자성어 중에 '능자다로(能者多勞)'라는 말이 있습니다. 능력 있는 사람이 일도 많다는 뜻입니다. 일 못하는 보스를 만나서 할 일이 많아졌다고 속상해하지 마세요. 그만큼 당신이 가진 능력이 많다는 것이고, 또한 앞으로 더 많은 능력을 쌓을 수 있는 기회가 될 테니까요. 일 잘하는 보스라도 모든 것을 다 잘할 수는 없습니다. 허점이 한둘쯤은 있기 마련이죠. 그 틈새를 노려야 합니다.

예를 들어, 당신이 모시는 보스가 결정도 빠르고 추진력도 강한 반면에 민주적인 의사소통에는 약하다고 해봅시다. 그럴 때 당신이 보스를 대신해 팀원들의 의견을 모아서 보고하면 어떨까요. 보스는 힘 들이지 않고 팀원들의 의견을 들을 수 있어서 좋고, 당신도 업무 지식을 두루 넓히는 동시에 팀원들에게 좋은 평판을 받게 될 겁니다. 만약 그것이 구체적인 성과로 이어진다면 당신은 보스에게 없어서는 안 될 존재가 될 수도 있습니다. 빈틈을 채워주는 사람일수록 존재감이 확실해지는 법이니까요.

알고 보면 성공한 보스들은 소싯적에 자신의 약한 부분을 채우려고 일부러 그 일을 자원한 경험이 많습니다. 고객 마인드가 약하면 직접 영업을 뛰고, 현장 경험이 적으면 공장에서 일하는 식이지요. 자신에게 없는 능력을 키우기 위해 자신이 약한 현장의 일을 자처하는 것, 이것이야말로 진짜 자기 관리인 셈입니다.

'성인시미(成人之美)'라는 말을 들어봤을 겁니다. 다른 사람의 장점을 더욱 빛나게 해준다는 뜻이지요. 나의 능력으로 윗분을 더욱 빛나게 하면 그에 합당한 보상이 돌아오기 마련입니다. 구체적인 보상이 없더라도 윗분들에게 '저 친구를 가까이 두면 내가 빛날 것'이라는 믿음을 줄 것이고, 그것은 또 다른 기회로 이어지게 되겠지요. 윗분의 약점 채우기를 고생으로 생각하면 그저 고생으로 끝날 뿐이지만, 내 능력을 키울 기회로 보면 더 큰 가능성으로 바뀐다는 겁니다.

현대 경영학의 창시자로 알려진 피터 드러커는 『프로페셔널의 조건』에서 "지식 근로자가 목표를 달성하는 데 있어 상사의 강점을 활용하는 것보다 더 효과적인 것은 거의 없다"고 했습니다. 여기서 더 나아가 보스의 약점까지 내 능력을 향상시킬 기회로 활용하는 것이 공격과 수비 모두에서 뛰어난 멀티플레이어가 되는 지름길입니다.

잘나가는 부장님 때문에 숨 막혀요

줄탁동시(啐啄同時)
어미 닭과 병아리가 동시에 알을 쫀다는 뜻으로,
두 사람의 인연이 어느 기회를 맞아 무르익는다는 의미.

만약 당신의 상사가 무엇이든 척척 해내는 능력자라면 어떨 것 같
나요? 능력자에겐 일도 많이 몰리기 마련이니까 그 아래에 있는 당
신에게도 중요한 프로젝트가 얼마쯤 주어지겠지요. 업무 추진에
필요한 자원이나 권한도 부족함이 없을 겁니다. 잘나가는 상사 덕
분에 당신도 덩달아 승진을 거듭할지도 모릅니다. 어떤 상사를 모
셨느냐가 그 사람의 능력을 평가하는 잣대가 되기도 하니까요. 능
력자 상사를 모시면 그만큼 성공할 기회가 많아지는 겁니다.

하지만 늘 장밋빛 미래만 펼쳐지는 건 아닙니다. 동전의 양면처
럼 능력자 상사를 모시는 사람에겐 어두운 그림자도 함께하기 마
련입니다.

능력자 보스에게
휘둘리지 않는 법

──────────── 많은 직장인이 일 잘하는 상사와 함께 일하면 그만큼 많은 것을 배울 수 있을 거라고 생각합니다. 맞습니다. 어깨너머로 배우는 것들이 어마어마하지요. 하지만 자칫 잘못하면 상사의 소모품으로 전락하는 경우도 적지 않습니다.

그런 상사는 혼자서도 잘할 수 있는 능력이 있기 때문에 중요한 일을 굳이 아랫사람에게 맡기려 하지 않습니다. 아랫사람으로선 아무나 할 수 있는 허드렛일만 하다가 지친다는 기분이 들 겁니다. 내가 해낸 일인데도 상사의 후광에 가려져 모든 공이 그분에게 돌아가기도 하지요. 하지만 어떤 상황이라도 기회는 있는 법입니다.

모든 상사에겐 공통적으로 탁월한 점 하나가 있습니다. 자신에게 없는 능력을 굳이 발휘하려고 무리하는 대신, 그 능력을 가진 아랫사람을 자신의 손발처럼 부린다는 겁니다. 선택과 집중의 묘를 감각적으로 잘 살리는 거지요.

따라서 능력자 상사가 어떤 일을 맡길 때 '이런 하찮은 일을 왜 나한테 맡기지? 자기가 하기 귀찮은 일만 맡기는 거 아냐?'라거나 '능력자가 이런 일도 못하나'라는 식의 불만은 품지 말길 바랍니다. 상사가 나를 소모품으로 여긴다고 지레짐작해 반감이 가득한 상태로 처리한 일은 성과로 이어지기 어렵지요. 그러면 상사의 신뢰도 잃게 될 겁니다.

반면에 상사가 필요로 하는 일에 자청해서 최선을 다하고 좋은 평가까지 얻는다면, 다음부턴 당신이 그 일을 도맡게 될 겁니다. 상사에겐 앞으로도 그 일을 대신해줄 사람이 계속 필요하니까요. 그런 과정이 되풀이되면, 몸이 열 개라도 부족한 능력자 윗분이 어느 날 문득 자신이 하던 굵직한 일을 당신에게 맡길 수도 있습니다. 그 순간 당신은 그 상사로부터 자신을 대신해 책임을 맡아도 될 사람으로 인정받는 거죠. 허드렛일만 하느냐 아니냐는 이렇듯 당신의 태도에 달려 있습니다.

능력자 보스의 필요를
찾아내라

——————————— 많은 직장인이 가장 자주 범하는 실수는 윗분을 자기 마음대로 재단한다는 겁니다. 윗분이란 이래야 한다는 자기만의 규정을 가지고 거기서 조금이라도 어긋나면 나쁜 상사라고 평가절하한 후 더 이상 알려고 하지 않지요.

하지만 지형지물을 잘 모르면 길을 찾을 수 없듯이, 아무리 뛰어난 윗분 밑에 있어도 그분의 강점과 약점을 제대로 살피지 않으면 당신은 결코 원하는 기회를 잡을 수 없습니다. 윗분을 세심하게 관찰하고 그분에게 필요한 것을 찾아내서 그 일을 할 때 비로소 당신의 존재가 윗분에게 중요해집니다.

그러자면 자신의 강점과 약점부터 제대로 파악할 필요가 있겠지요. 자기 주특기가 뭔지도 모르면서 누군가를 도울 수는 없는 거니까요. 자신이 가진 어떤 능력이 상사의 필요를 채워줄 수 있는지 꼼꼼하게 따져봐야 합니다.

능력자 상사를 모신다고 무조건 실력이 쌓이는 게 아닙니다. 자신이 쌓아야 할 실력의 방향을 구체적으로 파악하지 못하면, 심지어 실력이 있어도 능력자 상사 밑에서 허드렛일만 하다가 끝날 수 있습니다.

아무리 뛰어난 상사라도 혼자서 모든 일을 잘해낼 수는 없습니다. 한편 아랫사람은 실력이 제아무리 뛰어나도 윗분이 끌어주지 않으면 우물 안 개구리에 불과하지요. 그래서 윗분과 아랫사람의 관계는 '줄탁동시(啐啄同時)'여야 합니다. 안에서 새끼가 알을 쪼고 동시에 밖에서도 어미가 알을 쪼아야 비로소 새끼가 알에서 나올 수 있는 것처럼, 윗사람과 아랫사람도 서로의 성공을 위해 쉼 없이 부리질을 해야 양자가 만족하는 결과를 낼 수 있습니다.

잘나가는 상사 때문에 요즘 너무 힘들다고요? 허드렛일만 하다가 죽을 것 같다고요? 생각을 조금만 바꿔보세요. 상사를 나를 소모시키는 폭군이 아니라 나를 성장시키는 자극제라고 생각하는 겁니다. 그의 채찍질을 나의 부족한 실력을 채우라는 신호라고 생각해보는 거죠. 그러면 당신이 지금껏 보지 못했던 새로운 가능성의 길이 열릴지도 모릅니다. 툭툭툭, 톡톡톡, 상사가 당신을 향해 열심히 부리질을 하는 소리와 함께 말입니다.

팀장님은 나를 좋아하는 걸까, 믿는 걸까?

대차무예(大車無輗)
멍에를 고정시키는 쐐기가 없는 큰 수레라는 뜻으로,
신용이 없는 사람을 비유함.

얼마 전에 중증 '상사병'을 호소하는 K 대리를 만났습니다. 밤에 잠이 안 오고 가슴속에서 뜨거운 것이 치밀어 미칠 것 같다고 하더군요. '도대체 얼마나 대단한 여자와 썸을 타길래'라는 생각이 들 무렵, 그가 제게 문자 하나를 보여줬습니다.

"미안하다. 그래도 내가 너 제일 좋아하는 거 알지? 널 아끼니까 힘들게 보내주는 거야."

'나쁜 여자'로구나 여긴 순간, K 대리가 탁자 위에 물컵을 내리꽂으며 울부짖기 시작했습니다.

"P 팀장, 이런 나쁜 XX! 어떻게 나한테 이럴 수 있냐고……!"

그렇습니다. 상대는 '나쁜 여자'가 아니라 P 팀장이라는 남자, 그의 직속 상사였습니다. 그가 상사병이라고 표현한 건 정확히 말하면 '상사 (울)화병'이었던 겁니다.

호감과 신뢰는
동의어가 아니다

——————————— 싹싹하고 붙임성 있는 데다 끼도 많은 K 대리는 그 팀의 분위기 메이커였습니다. 한마디로 '밤의 황제'라 불린 사나이였죠. 그런 그를 P 팀장도 무척이나 좋아해서 술자리에서 끝까지 옆에 두고 함께 술잔을 기울이곤 했습니다. 그런데 바로 그 P 팀장이, 아무도 가려 하지 않는 부서로 K 대리를 보내버린 겁니다. K 대리로선 믿는 도끼에 발등 찍힌 거죠.

"맨날 '너밖에 없다'고 하더니 사지로 보낼 때도 '너밖에 없다'고 하는 이 인간, 절대 용서 못 합니다!"

퀭한 눈으로 머리를 쥐어뜯는 그는 한눈에 봐도 중증 환자였습니다. 직속 상사를 너무 믿었던 게 죄라면 죄일까요. 이런 사람을 볼 때마다 제가 꼭 묻는 말이 있습니다.

"그는 당신을 좋아했을까요, 믿었을까요?"

대부분은 "둘 다"라고 대답합니다. 좋아하는 게 믿는 거 아니냐고 반문하는 이들도 많습니다. 그러나 저는 단호하게 "아니오"라고 말합니다. 연인 사이라면 두 사람의 뜨거운 호감은 곧 신뢰로 이어지겠지요. 그러나 성과가 중심이 되는 인간관계에서는 호감과 신뢰가 동의어가 아닌 경우가 많습니다.

제가 아는 분 중에 대기업 임원이 한 분 있습니다. 그분이 이런 말씀을 하신 적이 있어요. 매우 친하게 지내던 부하 직원이 있었는데, 주식 투자 조언을 잘해서 덕분에 돈도 좀 벌었다고요. 그런데 그에게 절대 자금 관리를 맡기지는 않았다는 겁니다. 아이러니하죠. 그 직원에게 사행성이 있다고 봤기 때문입니다. 좋은 건 좋은 거고, 믿는 건 다르단 얘기지요.

아마도 P 팀장은 정말로 K 대리를 좋아했을 겁니다. 사소한 일에서는 K 대리를 기꺼이 도와줬겠지요. 하지만 팀의 전력과 성과를 좌우하는 중대한 인사 문제에 당면해서는 입장이 달라진 겁니다. 지금 나에게 즐거움과 편안함을 주는 직원과 어떤 일이든 믿고 맡길 수 있는 직원, 이 둘 중에 당신이라면 누굴 택할까요? 대부분의 보스는 후자를 택합니다. 특히 요즘같이 팍팍한 저성장 시대에는 더더욱 그러겠죠. 보스는 그런 냉정한 선택을 할 수 있었기에 그 자리까지 올라갈 수 있었던 겁니다.

'부장님한테는 나밖에 없다'고 생각하고 있다면…

─────────────── 보스들의 머릿속에는 서랍이 여러 개 있습니다. 그중에는 '신뢰 서랍'도 있고 '호감 서랍'도 있죠. 부하 직원들을 분류해 각각의 서랍 속에 넣어놓습니다. 성과에 기반한 신뢰 서랍에 들어 있는 직원은 일종의 맛있는 사탕이죠. 깨물어 먹지 않고 오래오래 입안에서 아껴 먹습니다. 조금 지친 기색이면 알아서 휴가도 보내주고 해외 연수도 보내주죠. 회식 자리에서도 그런 직원을 대하는 태도는 티가 확 납니다. 보고서 쓸 게 있어서 먼저 가보겠다고 하면 웬만해선 말리지 않습니다. 인풋(input) 대비 아웃풋(output)이 뛰어난, 말하자면 가성비가 좋은 인재인 만큼 많은 지원과 배려를 해주는 것이죠.

그런데 호감 서랍에 넣어놓은 직원에게는 같은 상황에서 정반대의 반응이 나옵니다. 네가 가면 나 심심해서 어떡하냐며 붙잡을 가능성이 높죠. 그럴 때 '역시 부장님한테는 나밖에 없다'고 마냥 좋아할 일이 아닙니다. 나를 편안하고 만만하게 느끼는 만큼 업무 면에서는 별 기대감이 없다는 증거일 수 있으니까요. 전날 부장에게 깨졌지만 오늘 술자리에서 만회했다고 생각하는 것도 오산입니다. 부장은 기회를 한 번 더 줄 뿐, 저성과자와 고성과자를 결코 헷갈리지 않습니다.

윗분들이 그런 직원들에게 '일은 못하지만 친하니까 봐준다'라는 심정이 없는 것은 아니지만, 손쉽게 폭탄을 안겨도 되는 만만한 상대로 여기는 것도 사실입니다. '다른 애들은 좀 반항하겠지만 재는 술 사주고 달래면 조용히 나갈 놈이다'라고 생각하는 것이죠. 앞의 K 대리처럼 믿는 도끼에 발등 찍히는 겁니다.

그래서 저는 직장 초년병들에게 늘 이런 잔소리를 합니다. "신뢰부터 우선 쌓은 다음, 호감을 얻으라"고요. 일단 고성과자가 되면 조금만 노력해도 호감을 사기가 쉽습니다. 일도 잘하는데 겸손하기까지 하다는 칭찬을 듣게 되죠. 반대로 실력 쌓기보다 호감 쌓기에 집중한 사람은, 상사가 막상 중책을 맡겼을 때 민망한 결과를 낳기도 합니다. 그러면 이후 K 대리처럼 '밤의 황제'로 소진되거나 손 꼭 잡고 폭탄을 안겨도 되는 만만한 상대로 취급받을 수 있죠.

『논어』「위정편(爲政篇)」에 보면 '대차무예(大車無輗)'라는 말이 나옵니다. 멍에를 고정시키는 쐐기가 없는 큰 수레를 가리키죠. 아무리 큰 수레라도 그것을 끌 말이나 소를 연결시키지 못한다면 무슨 소용이 있겠습니까. 이 말은 결국 신뢰를 얻지 못하는 사람은 뜻을 펼치기도 어려움을 의미합니다.

상사병에 시달리지 않으려면 한 번쯤 상사를 보며 마음속으로 물어보세요.

'당신은 저를 좋아하십니까, 아니면 저를 믿습니까?'

이거 아웃의 전조가 맞나요?

불립문자(不立文字)

깨달음은 마음에서 마음으로 전하는 것이므로 말이나 글에 의지하지 않고
인간의 마음을 꿰뚫어서 본성을 보아야 함을 이름.

직장인들에게 가장 두려운 것은 무엇일까요? 바로 '해고(아웃)'라
는 두 글자일 겁니다. 특히 요즘 같은 저성장 시대에는 명예퇴직이
나 구조조정이 더욱 잦아질 수밖에 없지요. 당장 오늘내일 해고 통
보를 받아도 하등 이상할 게 없어요.

어쩌면 대기업에 다니는 젊은 직원들은 잘리는 공포에 둔감할
수도 있겠네요. 종신고용이니 평생직장 같은 개념이 현실적으로
사라졌다 해도 그들은 설마 나는 아닐 거라고 생각하기 쉽죠. 하지
만 그건 착각입니다. 제가 산증인이에요.

심판은 아웃을 섣불리
외치지 않는다

─────── 1998년 ○○맥주에서 마케팅 과장으로 일할 때입니다. IMF 외환 위기로 회사가 휘청하더니 입사 6개월 만에 외국 기업과 인수 합병이 이뤄졌고, 일주일 뒤에 저는 해고를 당했습니다.

처음에는 이해가 안 되더군요. 제가 ○○맥주에 입사한 건 회사의 설득 때문이었어요. 당시 저는 보스턴 대학에서 MBA 공부를 하고 있었는데, 그 먼 미국 뉴욕까지 찾아와 자신들이 찾던 인재라며 같이 일하자고 했거든요. 아마 그때 ○○맥주 직원을 통틀어서 스펙은 제가 으뜸이었을 겁니다. 일한 기간이 짧아서 성과는 별로 없었지만 그렇다고 크게 흠 잡힐 것도 없었어요. 그런데 갑자기 잘린 겁니다. 황망하더군요.

나중에야 알게 됐죠. 제가 '모르는 사람'이어서 잘렸단 걸요. 당시 인사 임원이 해고자 명단을 정리했는데, 한꺼번에 많은 사람을 잘라야 하니까 안 친한 직원들을 명단에 몽땅 넣었대요. 저는 그때 일만 열심히 할 때여서 상급자들과 술 한 잔 마신 적이 없었어요. 친한 직원들은 눈에 밟히니까 일면식도 없는 저를 해고했던 거였죠.

그런데 더 당황스러운 게 있었습니다. 제가 아웃당할 거란 걸 저만 빼고 모두가 알았다는 겁니다. 당시 회사 내에선 살생부가 돌아

다녔는데 저만 몰랐더라고요. 그때만 해도 사내 정보에 둔감하기도 했고, 그런 정보를 저에게 말해주는 사람도 없었습니다. 구태여 '너 곧 잘릴 것 같다'는 불편한 이야기를 해서 인심 잃을 이유가 없었겠지요. 살생부 같은 중요한 정보에서 소외됐다는 것 자체가 이미 아웃의 징조였는데 저는 그걸 한참 뒤에야 알아차렸던 겁니다.

인수 합병 같은 위기 상황이 아니면 저처럼 당일에 해고 통보를 받는 일은 드물지만, 보통 때라도 일찍 해고 고지를 해주는 회사는 없습니다. 미룰 수 있을 때까지 최대한 미루죠. 왜 나만 자르냐, 노동부에 신고하겠다는 등 온갖 항의가 쏟아질 게 뻔하니까요.

그 대신 조만간 해고될 거라는 은근한 신호를 줍니다. 알아채고 사표를 내주면 회사 입장에서는 고맙지요. 회사가 '배드 사인(Bad Sign)'을 준다면 당신은 이미 저성과자로 분류되어 합법적인 해고 절차에 들어간 겁니다. 이유도 모른 채 갑자기 해고 통보를 받고 싶지 않다면 배드 사인 몇 가지는 알아둬야 합니다.

배드 사인을
알아채는 방법

─────────── 가장 흔한 배드 사인은 칭찬에 인색해지는 거예요. 똑같이 잘했는데 상급자가 나만 빼고 다른 팀원들만 칭찬한 적이 있나요? 회의 때 나하고만 눈을 안 맞춘다거나, 술자리에

서 나한테만 술을 안 권한 적은요? 만약 이런 경험이 잦다면 배드 사인인지 의심해봐야 합니다. 윗분이 벽을 쌓고 나와 거리를 둔다는 건, 조만간 우리는 이별할 사이임을 의미하니까요.

이전과 달리 출장이나 교육을 잘 안 보내는 것도 해고 신호일 가능성이 높습니다. 출장은 회사와 내가 장기적인 관계를 맺으며 오래갈 거라는 일종의 약속 같은 거예요. 해외 출장처럼 중요하고 비용도 많이 들어가는 업무에 곧 해고시킬 사람을 보낼 회사는 없습니다.

혹시 요즘 들어 맡은 일이 줄어들고 있습니까? 만약 그렇다면 칼퇴근한다고 좋아할 일이 결코 아닙니다. 업무량이 줄어들고 있다는 것이야말로 전형적인 배드 사인이거든요. 맡은 일을 다 했는데 시간이 남고, 주도적으로 이끄는 프로젝트 수가 갈수록 줄어들고, 언제부턴가 중요한 업무는 모두 다른 직원에게 가고, 맡고 있던 업무마저 후배에게 인수인계하라는 지시가 떨어진다면 의심의 여지가 없습니다. 당신은 이미 블랙리스트에 올라간 겁니다.

회사는 고성과자를 좋아합니다. 높은 성과를 얻으려면 중책을 맡아야 하죠. 그런데 일단 상급자에게 찍히면 다시는 중요한 업무를 맡을 수가 없어요. 큰일을 안 주니까 성과를 낼 기회가 없고, 성과를 못 내니까 나쁜 평가만 계속 쌓이고, 그러면 월급도 깎이고 승진도 안 되고, 결국에는 만신창이가 돼서 해고를 당하거나 제 발로 그만두는 수순을 밟게 됩니다. 한번 저성과자의 늪에 빠지면 헤어 나올 재간이 없는 법이죠.

인사조직관리 이론 중에 '썩은 사과 이론(Rotten Apple Theory)'이 있습니다. 썩은 사과 한 개가 바구니 속에 든 사과 모두를 상하게 한다는 겁니다. 한마디로 썩은 사과는 결코 혼자 썩지 않는다는 거죠. 경영자들 머릿속엔 이 이론이 강하게 자리 잡고 있어요. 그래서 저성과자에게 그렇게 까칠한 겁니다. 그가 썩은 사과일까봐, 그래서 전체에 나쁜 영향을 미칠까봐, 자꾸 뱉어내려는 것이죠.

누구라도 성과를 내려면 한 부서에서 일정 기간을 보내야 하는데, 한번 저성과자로 분류되면 부서 이동이 잦아집니다. 회사 입장에서는 그가 다른 직원들까지 썩게 할까봐 그런 조치를 취하는 거죠. 어느 부서에서도 성과를 낼 만큼 오래 있지 못하기에 그의 인사고과는 계속 하향 곡선을 그리게 됩니다. 그러다 결국 영원한 저성과자로 낙인찍혀서 해고 명단에 이름을 올리게 되는 겁니다. 만약 윗분이 요즘 들어 부서 이동을 자주 권한다면 배드 사인이 확실합니다.

지금 이 순간에도 보스는 당신에게 끊임없이 사인을 보내고 있습니다. 그 사인은 굿 사인일까요, 아니면 배드 사인일까요?

배드 사인 체크리스트(다섯 개 이상 체크한다면 당신은 이미 블랙리스트)

☐ 인사고과가 계속 낮거나 연봉이 안 오른다.

☐ 보고드릴 사람이 많아지거나 디테일까지 보고해야 한다.

☐ 인력과 예산 등 각종 자원이 줄어든다.

☐ 상사가 교육이나 출장 등을 잘 안 보내준다.

☐ 언제부턴가 상사와 같이 있을 때 분위기가 묘하게 어색하다.

☐ 가까운 직원들 모임이나 회식에 나만 초청을 못 받는다.

☐ 동료들이 내 얘기나 의견을 쉽게 무시하기 시작한다.

☐ 상사가 남의 얘기를 전하는 것처럼 '경고'를 주거나 뼈 있는 농담을 한다.

☐ 같이 일하는 직원들이 나만 빼고 감사팀을 드나든다.

☐ 내 신상에 관한 의사 결정이 나와 상의 없이 뜬금없이 이루어진다.

복잡한 사내 정치 속에서 살아남는 전략

정출다문(政出多門)
정사(政事)가 나오는 문이 많다는 뜻으로, 문외한이면서
정치에 대해 아는 체하는 사람이 많음을 이름.

경제가 불황일수록 사내 정치가 불야성을 이룬다고 합니다. 힘없는 개인들이 각개전투로 극복하기에는 앞으로 닥쳐올 구조조정과 인원 감축의 파고가 높습니다. 일단 해고의 소나기를 피할 수만 있다면 그게 누가 펼친 우산이라도 당장 안으로 뛰어들고 싶은 것이 모든 회사원의 마음일 겁니다. 이것이 너도나도 사내 정치에 발을 담그는 이유겠지요.

　하지만 사내 정치에는 치명적인 단점이 있습니다. 결정적인 순간에는 정치적인 셈법이 통하지 않는다는 겁니다.

빅 보스도
종이호랑이가 되는 시절

──────────── 저는 수년간 대외 업무 등을 담당하며 사내 외 정치를 두루 경험했습니다. 정치가 직업인 사람들이 바글대는 곳에도 정치 고수는 따로 있더군요. 그들에겐 공통점이 하나 있는 데, 그건 바로 누구도 적으로 만들지 않는다는 겁니다.

모든 선거는 인기투표와 비슷합니다. 인기가 많으면 이기고 적 이 많으면 집니다. 가장 인기 많은 사람이 무조건 이기는 게임입니 다. 인기가 많다는 건 그만큼 적이 없다는 것이고, 적이 없다는 것 은 누군가를 섭섭하게 만들지 않았다는 뜻이죠. 말하자면 너도 옳 고 너도 옳다, 모두에게 좋은 말만 하는 황희 정승 스타일의 정치 인이 맨 꼭대기에 오른다는 겁니다.

사내 정치도 정치인지라 정치판과 비슷한 룰이 적용됩니다. 모 든 사람에게 두루 인기를 얻으려면 여기저기 얼굴을 내밀어야 합 니다. 더 많은 사람을 내 편으로 만들려면 약속도 수없이 잡아야 하지요. 누군가를 섭섭하게 만들면 내 세력이 약해지니까 부르는 곳마다 뛰어갑니다. 의자에 엉덩이 붙일 새가 없겠지요. 일하는 시 간이 줄어드는 만큼 성과도 떨어지게 되지요. 사내 정치에 뛰어든 순간, 실적과는 이별을 고하게 되는 겁니다.

태평성대일 때는 이보다 좋을 수 없습니다. 경기가 좋으면 적당 히 평타만 쳐도 실적은 책잡힐 일이 없고, 두루두루 사람들과 인맥을 쌓아가며 자기 세력을 넓힐 수 있으니까요. 하지만 요즘 같은 불경기가 되면 얘기가 달라집니다. 회사가 몸집 줄이기에 나서는 순간, 사내 정치인들도 함께 위기에 직면합니다. 쌓아놓은 성과가 빈약하다 보니 자신보다 힘이 더 센 사람과 같은 편을 먹지 않는 한 버티기 어려워지는 거지요.

물론 권한이 막강한 보스를 꼭 붙들고 있으면 남들이 계단으로 올라갈 때 엘리베이터를 타게 될지도 모릅니다. 하지만 저성장, 불경기 시대에 그럴 가능성은 매우 희박합니다. 직원들에 대한 평가가 더 촘촘해져 상시 평가와 다면 평가가 일상화되기에, 힘센 보스 뒤에 숨는 일도 쉽지 않게 되니까요. 게다가 이런 시대에는 빅 보스도 순식간에 종이호랑이가 될 수 있습니다. 그러면 그 빅 보스를 튼튼한 동아줄인 줄 알고 잡고 올라가던 당신은 순식간에 땅으로 떨어지게 됩니다.

위기일수록 꼼수 아닌
실력으로 정면 승부

──────────── 정치인이 하는 일은 법을 만들고 정부를 감시하는 겁니다. 회사원이 하는 일은 상급자의 지시를 실행하고 집행하고 수행하는 것이지요. 국회가 입법부라면, 회사는 행정부에 가깝습니다. 사내 정치라는 것 자체가 회사의 속성과는 맞지 않

지요.

'정출다문(政出多門)'이라는 말이 있습니다. 잘 알지도 못하면서 정치에 대해 아는 척하는 사람이 많다는 뜻입니다. 소위 사내 정치인들이 딱 그런 사람들입니다. 그러니 직장인은 직장의 일에 매진하는 것이 순리라는 말에 따르는 것이 좋습니다.

불황일수록 직장인이 믿을 수 있는 튼튼한 동아줄은 성과밖에 없습니다. 호황일 때는 인맥 두터운 사람이 사랑받을지 몰라도 경기가 어려워지면 성과 높은 사람이 최고입니다. 성과만 높으면 굳이 여기저기 줄 서지 않아도 자석처럼 사람들이 모여듭니다. 윗분이 먼저 겸상을 청하고 지금 자리보다 더 좋은 콜(call)이 오기도 합니다. 자리가 위태로울수록 정치 꼼수로 위기를 벗어나려 할 게 아니라, 직장인답게 성과로 정면 승부를 해야 합니다.

직장인이 정치인 흉내를 내는 것만큼 후진적인 일도 없습니다. 정치는 정치인에게 맡겨두고 직장인은 자신의 할 일에 집중하면 됩니다. 누구도 이견을 제기할 수 없는 명백한 성과를 내는 것이야말로 불황에도 끄떡없는 튼튼한 동아줄이 되어줄 것입니다.

유혹 앞에서 신의를 지키는 사람이 돼라

등루거제(登樓去梯)

누상에 오르게 해놓고 사다리를 치워버린다는 뜻으로,
처음에는 이롭게 하는 척하다가 뒤에 어려움에 빠지게 함을 이름.

사랑과 재채기는 숨길 수 없다고 하죠. 마음속에 다른 사랑을 담기 시작하면 티가 나기 마련입니다. 윗분이 그걸 모를 리 없지요. 당신이 다른 윗분과 외도를 감행한 순간, 당신의 남은 직장 생활은 그 즉시 낭떠러지로 직행하는 겁니다. 질투가 심한 윗분이 다른 곳에 눈 돌린 당신을 결코 용서할 리 없거든요.

직장인이 절대 하지 말아야 할 것 중 하나가 바로 다른 윗분과의 뒷거래입니다. 익숙한 밥도 잘못 먹으면 탈이 나는 법인데, 하물며 안 먹어본 밥을 먹고 괜찮을 거라고 믿으면 그게 더 이상한 겁니다. 시장에서 인정하지 않는 암거래는 아무리 조심해도 결국 들통나기 마련이고, 실체가 드러난 이후에는 도저히 수습할 수가 없지요. 돌아올 수 없는 강을 건넌 셈입니다.

그런데도 다른 윗분에게 양다리 걸치는 직장인들이 줄지 않습니다. 걸리면 끝이라는 걸 잘 알 텐데 왜 그러는 걸까요? 아주 단순합니다. 남의 떡이 더 커 보이는 거지요. 내 윗분이 갈수록 나에 대해 미지근해진다는 느낌을 받고 있을 때, 새로 등장한 다른 윗분이 엄청나게 맛있어 보이는 사과를 건네주면 순진한 백설공주처럼 눈앞의 유혹을 이기지 못하고 덥석 물어버리는 거죠. 독이 든 사과일지 모른다는 의심도 하지 못하고.

모든 거래에는
기회비용이 따른다

─────────── 그동안 모시던 윗분이 나에게 무심해졌다고 느끼면 이렇듯 유혹을 이겨내기가 쉽지 않습니다. 센 줄 알았던 윗분이 갑자기 무력하게 보일 때도 더 센 윗분에게 시선이 가지요. 하지만 지금 같은 전시체제에서는 모두 쓸데없는 곁눈질일 뿐입니다. 전방의 군인이 후방의 사령관과 거래를 한들 무슨 득이 있겠습니까. 전장에서 살아남는 유일한 방법은 눈앞 소대장의 지시에 따르는 겁니다. 전시에 소대장 명령을 무시하고 괜히 다른 곳에 눈 돌렸다가 들키면 즉결 처분만 기다리고 있을 뿐입니다.

의도적인 외도만 외도가 아닙니다. 모르고 당하는 외도도 적지 않게 일어납니다.

법무팀에서 일할 때 옆 부서 팀장이 개인적인 부탁이라며 문서에 사인을 해달라고 했습니다. 아무 문제 될 일이 아니라면서요. 내용을 살펴보니 내 권한으로 해결할 수 있고 경미한 사안이어서 사인해줘도 괜찮을 것 같았습니다. 언제 어느 구름에서 비가 내릴지 모르는데 두루두루 인심을 쌓아놓으면 좋지 않겠냐는 생각에 사인을 해줬습니다. 그런데 사고가 터진 겁니다. 하지 말아야 할 사인을 해줬던 거지요.

정말로 아무 문제 될 일이 아니었다면 그 팀장이 정식으로 법무팀에 업무 협조 요청을 했겠지요. 개인적인 부탁이라고 할 때부터 의심했어야 하는데, 다른 윗분이라는 보험을 들어놓고 싶은 욕심에 꼼꼼하게 체크하지 못했던 겁니다. 의도적인 외도까지는 아니었지만 저 역시 위험한 양다리를 걸칠 뻔한 거지요.

그때 저는 다행히 먹구름을 피했지만, 저처럼 생각 없이 사인해줬다가 윗분들 핑퐁 게임에 새우등 터지는 경우를 많이 봤습니다. 그저 단순한 업무 협조라고 생각했던 일로 인해 부서 간 알력 다툼이나 임원 사이의 파워 게임에 말려들어 괜한 구설수에 오르는 경우를요.

진짜 최악은 그런 일이 빌미가 되어 윗분들끼리 나에 대한 험담을 주고받는 지경까지 가게 되는 겁니다. 사인 한번 잘못했다가 졸지에 '나 몰래 사인도 해주는 못 믿을 놈', '나를 언제든지 속이고 뒤통수칠 수도 있는 놈'으로 전락하고 마는 거지요. 그저 다른 윗분이라는 보험 하나 들려다가 엄청난 대가를 치르게 되는 겁니다.

"제 권한 밖의 일입니다" 단호하게 거절하는 법

──────── 사실 다른 부서의 윗분이 뭔가를 부탁하면 거절하기가 쉽지 않습니다. 힘센 윗분일수록 더더욱 그렇지요. 보험 욕심이 없더라도 괜히 거절했다가 평판이 나빠질까봐 걱정이 앞섭니다.

하지만 그럴수록 단호해져야 합니다. 다른 부서 윗분이 어떤 부탁을 할 때 거기서 사내 정치의 음험한 기운이 느껴지면 "제 권한 밖의 일입니다"라고 정중하면서도 단호하게 거절한 후 이렇게 덧붙여보세요. "저 혼자만 알고 있겠습니다."

호시절에는 살짝 음지를 기웃거려도 큰 문제가 안 됩니다. 남들 땡볕에서 일할 때 잠깐 그늘에서 쉰다고 해도 그럭저럭 넘어갈 수 있습니다. 하지만 저성장 시대에 뒷거래하다가 사고가 나면 그대로 아웃입니다. 그 일을 시킨 윗분도 절대 방패막이가 돼주지 않습니다. 그래서 아랫사람이 혼자 모든 죄를 뒤집어쓰고 쫓겨나는 일도 적지 않지요.

손자가 말하길, 가서는 안 되는 길이 있고 공격하면 안 되는 성이 있으며 빼앗으면 안 되는 땅이 있고 따르면 안 되는 군주의 명령도 있다고 했습니다. 아무리 힘센 윗분의 지시라 해도 원칙에서 벗어나는 것은 단호하게 거절해야 합니다. 괜히 따르다가 나쁜 일에 휘말리는 것보다는, 차라리 잠깐 욕을 먹더라도 단호하게 거절하는 것이 나중을 위한 현명한 선택임을 명심해야 합니다.

만약 음지의 기운이 당신을 향해 다가오고 있다면 두 단어를 떠올리기 바랍니다. 나무에 올라가게 해놓고 흔들어 떨어뜨린다는 뜻의 '권상요목(勸上搖木)'과 누상에 올라가게 하고서 사다리를 치워버린다는 뜻의 '등루거제(登樓去梯)'가 그것입니다.

다른 윗분과의 뒷거래는 언제든 권상요목과 등루거제의 위험을 동반하기 마련입니다. 실컷 부추겨놓고 낭패를 보게 하거나, 처음에는 이롭게 하는 척하다가 뒤에 어려움에 빠지게 하는 거지요. 손쉽게 이용당하고 버려지거나 중간에 끼어서 외로운 바보가 되지 말고, 당신의 운명 공동체인 '지금 윗분'에게 집중하는 것이 직장인으로 장수하는 가장 큰 비기입니다.

불황기에 절대로 하지 말아야 할 두 가지

남원북철(南轅北轍)
수레의 끌채는 남쪽을 향하고 바퀴는 북쪽으로 간다는 뜻으로,
마음과 행동이 모순되는 것을 의미.

요즘에는 재테크 안 하는 직장인을 찾아보기 어려울 정도입니다. 직장 생활이 불안하고 미래는 더 불안하니까 월급을 종잣돈 삼아 노후 자금을 만들겠다는 것이지요. 그런데 요즘 같은 저금리 시대에는 은행 예금이나 적금만으로 목돈을 만들기가 쉽지 않습니다. 그래서 비교적 단시간에 큰돈을 벌 수 있는 주식 투자를 하거나, 조금 더 목돈을 들여서 벤처 회사에 투자하는 직장인이 적지 않습니다. 심지어 회사 몰래 투잡을 뛰는 경우도 종종 목격됩니다. 하지만 직장인들이 불황에 절대 하지 말아야 할 두 가지가 바로 '투자'와 '투잡'입니다.

주식 투자 하는
샐러리맨의 비애

──────────── 오랫동안 주식 투자를 해온 분들이 입을 모아 하는 말이 있습니다. 샐러리맨은 절대 주식으로 돈을 벌 수 없다는 겁니다. 주식으로 돈을 벌려면 그만큼 돈과 시간을 쓰고 경험과 훈련을 쌓아야 하는데, 종일 회사에 묶여서 일하는 직장인들은 그럴 수가 없기 때문이죠. 그러다 보니 급등주나 테마주에 솔깃하기 쉽고, 다른 개미 투자자들처럼 돈을 모두 날리는 참사를 당한다는 겁니다. 전업으로 할 게 아니라면 주식 투자보다는 차라리 금이나 현금을 모으는 것이 노후를 위해 더 현명하다는 것이 전문가들의 일관된 조언입니다.

회사 생활에 지장을 초래할 가능성도 높지요. 요즘에는 대다수 회사가 근무시간에 주식 사이트를 못 보도록 강제하고 있지만 그게 어디 가능한 일인가요? 지금 내 돈이 왔다 갔다 하는데 안 볼 수가 없지요. 태블릿 PC나 휴대폰으로 화장실에서도 보고 옥상에서도 보고 외근 중에도 봅니다. 불안하니까 자꾸 자리를 비우고 주식사이트에 들어갑니다. 주식에 정신을 빼앗긴 만큼 업무에 구멍이 생기는 건 당연지사죠.

회사에 직접 투자를 하는 것도 위험하긴 마찬가지입니다. 몇 해 전인가 지인에게서 투자 권유를 받은 적이 있습니다. 감시 장치를 개발하는 벤처 회사의 지분을 줄 테니 투자를 하라더군요. 은행 이

자보다 10%나 더 준다니 굉장히 솔깃했습니다. 잘만 되면 매달 불로소득이 생기는 셈이니 거의 넘어갈 뻔했지요.

그런데 생각해보니 그렇게 수익성 높고 잘되는 사업이라면 나한테까지 투자 제안이 왔을까 싶더군요. 투자 기관이나 전문가 들도 많은데 나처럼 하루 종일 회사에서 일하는 사람에게까지 제안이 올 정도면 뭔가 문제가 있다는 생각이 들었습니다. 그래서 과감하게 거절했는데 지금 생각해도 참 잘한 선택이었어요. 이후로 좋은 이야기를 듣지 못했거든요.

부자들은 불황 때 돈을 번다는 말이 있죠. 쌀 때 사고 비쌀 때 팔아서 이문을 본다는 것인데, 그건 부자들에게나 해당되는 얘기입니다. 불황 때 투자하면 더 많은 돈을 벌 수 있을 것 같지만, 불황 때 투자하면 다 날리기 십상입니다. 투자 수익이 큰 만큼 실패할 확률도 높기 때문이죠.

사채업자들은 돈 받아내는 재주가 탁월하니까 빌려줘도 문제가 없습니다. 하지만 우리 같은 사람들이 돈을 회수하려면 소송밖에 방법이 없어요. 그런데 자칫 법적 분쟁이 길어지거나 패소라도 하게 되면 변호사 비용까지 날리게 됩니다. 상대편에서 회사 감사실에 투서를 하거나 홈페이지 게시판에 글이라도 올리는 날엔 '근무 시간에 일 안 하고 딴짓한 놈'으로 찍히겠죠. 시간문제일 뿐 회사에서도 결국 알게 된다는 겁니다.

불황일수록
'회사형 인간'이 돼라

──────────── 투잡은 더 최악입니다. 요즘 퇴근 후에 대리 운전을 뛰거나 조그맣게 카페나 편의점을 운영하는 직장인이 많은데, 대부분이 죽도 밥도 안 됩니다.

예전에 다니던 회사의 한 임원이 호프집을 열었어요. 물론 사장은 그분이 아니라 사모님이었죠. 그런데 호프집 오픈 이후로 그분이 지각하는 날이 잦아지고, 회의 때 조는 일도 많고, 회식이나 모임에도 자꾸 빠지는 겁니다. 알고 보니 사모님은 그저 카운터만 보시고, 재료 구매부터 정산까지 모든 일을 그분이 챙겼던 겁니다.

장사가 쉬운 게 아니잖아요. 한정된 에너지가 호프집으로 몰리니 회사 업무에 소홀해지는 건 당연했죠. 결국 그분은 퇴사하셔야 했습니다. 참 안타깝더군요. 노후 자금을 마련하려고 어렵게 시작한 일이 오히려 퇴직금도 제대로 못 받고 회사에서 쫓겨나는 결과로 이어졌으니 말입니다.

이뿐만이 아닙니다. 회사 동료들에게 다단계 상품을 팔다가 쫓겨난 직원도 있었고, 보험을 팔다가 회사를 그만둔 직원도 있었습니다. 수수료를 많이 준다는 말에 혹해서 몇 명한테만 판다는 것이 실적이 좋으니까 욕심이 생겨서 아예 회사까지 그만두고 보험 판매에 나선 거지요. 처음에는 아는 사람들이 팔아주니까 돈을 버는데 점점 인맥이 떨어지잖아요. 결국 얼마 못 가서 보험 일까지도 그만뒀다고 하더군요. 지금은 아내가 임시 일용직으로 버는 돈으로 힘들게 먹고산다고 들었습니다.

경제적으로 불가피한 사정 때문인 경우도 있지만, 대부분은 더 안정된 미래를 위해 여러 개의 파이프라인을 만들려고 투잡을 시작합니다. 하지만 미래는 고사하고 현재까지 위협하는 것이 투잡 생활입니다. 회사 일에 몰입하는 것을 방해하니까요.

제가 후배들에게 자주 하는 말이 있습니다. 불황일수록 '회사형 인간'이 되어야 한다는 겁니다. 늦게까지 야근하라는 얘기가 아니에요. 힘을 줘야 할 곳이 어디인지 알라는 겁니다.

저성장 시대에는 악마의 유혹이 많아집니다. 불안하니까 저 멀리 파랑새를 좇게 되지요. 무리해서 주식 투자도 하고, 이직을 준비하기도 하고, 회사 몰래 투잡을 뛰기도 합니다. 하지만 불황일수록 현재가 가장 안정적인 투자처입니다. 연봉을 매달 나눠서 받는 월급쟁이는 자기 수입이 어느 정도의 가치인지 감을 잡기가 어렵죠. 만약 당신이 매달 200만 원을 1년 예치 정기예금 이자로 벌려면 14억 5000만 원 정도가 필요합니다. 그것도 평균 금리 1~2% 시대에 2%를 받는다고 해도요. 당신의 연봉이 생각보다 얼마나 가치가 큰지 이제 감이 잡힐 겁니다. 그러니 추가 수입을 올리겠다고 주식이나 투잡을 하다가 자칫 중심이 흔들리는 우를 범해서는 안 됩니다.

앞서도 말했듯이, 저성장 시대에는 직원들에 대한 평가가 더욱 엄격해집니다. 이른바 생산성을 깎아먹는 행위는 절대 용납을 안 해요. 호황일 때는 곳간에서 인심 난다고 봐주기도 하지만, 불황일 때는 바로 해고 사유가 됩니다. 불안해서 딴짓을 한 건데 그것 때문에 더 불안한 상황으로 내몰릴 수 있어요.

'남원북철(南轅北轍)'이라는 말이 있죠. 수레를 탄 사람은 남쪽으로 가고 싶은데 정작 수레는 북쪽으로 간다는 뜻입니다. 업무에 집중 안 하고 딴생각하다간 원하는 방향과 정반대로 갈 수 있습니다. 불황일수록 남원북철이 되지 않도록 조심하고 또 조심해야 합니다.

이직을 고민하는 당신에게

삼년불비(三年不蜚)
3년 동안 날지도 울지도 않은 새라는 뜻으로,
화려하게 비상할 순간을 위해 함부로 날지 않고 준비하는 자세를 이름.

모든 직장인이 하루에도 열두 번씩 떠올리는 생각이 있죠. 바로 이 직입니다. 월급이 너무 적어서, 맡은 업무가 맞지 않아서, 같이 일하는 사람들과 갈등이 심해서 등등 이런저런 이유로 지금 다니는 회사를 떠나고 싶어 합니다. 복지가 더 좋은 회사에서 더 많은 월급을 받으면서 능력까지 인정받는 것은 모든 직장인의 로망이죠. 이직을 밥 먹듯이 하는 사람들, 이른바 '직장 메뚜기(Job Hopper)'들이 생겨난 이유입니다. 로망을 현실로 바꿔줄 유일한 방법이 이직처럼 보이니까요.

사실 저 역시 직장 생활을 하는 동안 적지 않은 이직을 했습니다. 성격 탓인지 운명 탓인지 조금은 '버라이어티'한 직장 생활을 했죠.

금융감독원에서 시작해 두산그룹, 포스코, 현대차그룹 등 굵직한 기업들을 돌며 법무와 대외 업무로 커리어를 쌓았습니다. 22년 직장 생활 동안 임원만 7년을 했지요. 그러면서 직장인으로서는 드물게 마케터, 법무 실장, 대관 담당 임원 등 다양한 업무를 경험하기도 했습니다. 이렇게 누구보다 이직을 많이 하면서, 그리고 이직을 선택한 주변 사람들을 보면서 느낀 것이 하나 있습니다. 집에서 새는 바가지는 밖에서도 샌다는 겁니다.

이직의 성패는
현직에서 나온다

──────────── 몇 번인가 경력자 채용 면접 자리에 면접관 자격으로 참석해봤는데, 전 직장에서 긍정적이고 에너지 넘치게 일했던 사람은 우리 회사에 와서도 긍정적이고 에너지 넘치게 일하더군요. 반면 전 직장에 대해 심드렁한 사람은 회사를 옮겨서도 계속 심드렁하게 일하고요.

많은 직장인이 자신이 성과를 못 내는 이유를 회사 탓으로 돌려요. 그러면서 연봉이나 복지나 조직 문화가 더 나은 곳으로 옮기면 지금보다 훨씬 일을 잘하게 될 거라고 말합니다. 한마디로 지금 내가 저평가되는 것은 내 문제가 아니라 회사 문제라는 거죠. 하지만 제 경험으로 보자면 꼭 그렇지만은 않습니다.

저는 취미로 클라이밍을 가끔 하는데 좀처럼 실력이 안 늘더군요. 어느 날 코치가 이런 조언을 했어요. 다른 홀드(암벽을 올라갈 때 손으로 잡거나 발로 디딜 수 있는 곳)로 발을 옮기려면 지금 딛고 있는 홀드에 더 단단히 발을 딛고 다른 쪽 발을 뻗어야 된다고요. 그 말대로 했더니 거짓말처럼 조금씩 올라가는 속도가 빨라졌습니다. 직장을 옮기는 것도 마찬가지 아닐까요? 현재 내 발이 딛고 있는 홀드를 더 단단히 디뎌야 다음 홀드로 이동할 수 있는 것처럼, 현재 다니는 직장에 충실해야 다음 직장으로 잘 옮길 수 있지 않을까요? 옮기려는 마음만 앞서면 자칫 아래로 떨어질지도 모릅니다.

정글에 있던 사자를 헬리콥터에 태워서 옆에 있는 숲으로 옮기면 어떻게 될까요? 용맹하던 사자는 얼마 못 가 죽습니다. 그만큼 환경 변화가 주는 스트레스가 큰 것이지요. 이직도 만만치가 않습니다. 실제로 손가락이 잘렸을 때 느끼는 고통과 회사를 옮길 때의 고통이 똑같다고 합니다. 그래서 이직할 때 수십 번 생각하라고 하는 겁니다. 한번 실행에 옮기면 되돌릴 수 없으니까요.

30대 초반에 금융감독원을 그만두고 세 달 정도 백수로 지낸 적이 있습니다. 처음 한 달은 너무 재미있더라고요. 카페에서 노트북 켜놓고 웹 서핑도 하고, 한낮에 박물관이나 미술관도 여유롭게 둘러보고 말이죠. 그런데 두 번째 달이 되니까 슬슬 지루해지더니, 세 번째 달에는 진짜 미치는 줄 알았어요. 바쁜 와중에 틈틈이 놀아야 재미있지, 무한정 놀기만 하려니까 뭘 해야 할지도 모르겠고

누가 오래가는가

답답하더라고요.

그때는 직장인들이 넥타이 휘날리며 점심 먹으러 가는 모습만 봐도 얼마나 부럽던지요. 회사 로고와 주소가 적힌 명함도 부럽고, 구내식당에서 밥 먹는 것도 부럽고, 전화했는데 회의 중이라고 끊는 것도 부럽고, 하다못해 갑자기 회식이 생겼다며 못 나온다는 것도 부럽기만 했습니다. 정말이지 누가 일만 하게 해주면 절이라도 할 것 같은 심정이었어요.

제비는 봄날에만
박씨를 물고 온다

━━━━━━━━ 백수 생활을 해봤던 분들이라면 아마 다들 공감하실 겁니다. 회사 그만두고 첫 달에는 눈이 머리 꼭대기에 있어서 입사 지원서도 함부로 안 쓰죠. '내 스펙이랑 경력으로 이런 곳에 갈 순 없지' 이러면서 엄청 따집니다. 그러다가 두 번째 달이 되면 조금 달라집니다. 열 가지 조건 중에 일고여덟 개만 맞아도 된다고 눈을 낮추는 겁니다. 세 번째 달이 되면 눈높이가 확 낮아집니다. 어디라도 뽑아만 주면 열심히 일하겠다는 마음이 절로 생기죠.

백수 생활을 떠올리면 지금 다니는 직장은 너무 고마운 곳입니다. 내 책상이 있고, 내 전화기가 있고, 함께 점심을 먹을 동료가 있다는 것 자체가 감사한 일이에요. 그래서 그런지 가만히 보면 저같이 백수 생활을 했거나 아니면 창업했다가 잘 안 돼서 다시 취업한 친구들일수록 웬만하면 이직을 잘 안 하려고 합니다. 이직을 하면 새로운 인생이 펼쳐질 거라는 로망이 단지 로망일 뿐임을 그들은 깨달았기 때문이죠.

저는 이직 상담을 청하는 후배들에게 늘 말합니다. 지금 다니는 회사가 거의 망했다거나 이직 제안을 해온 회사의 연봉이나 처우가 지금 회사보다 1.5배 정도 높다면 이직하라고요. (그 이상의 파격적인 조건을 제시하는 회사는 지금 다니는 회사의 기밀을 빼 오라는 등 부당한 요구를 추가로 할 가능성이 크니 조심해야 합니다.)

이직을 단순히 현재의 불만을 벗어나기 위한 탈출구로 여긴다면, 다시 한 번 더 생각해보세요. 이직의 이유가 '지금 회사에서는 미래 비전이 없다' 같은 추상적인 것이어서는 안 돼요. 상사와의 불화로 인한 이직도 신중해야 합니다. 실제로 많은 직장인이 상사와 갈등이 생길 때 이직을 결심하곤 하지만, 그 이유로 그만두기에는 그동안 쌓아온 모든 것이 너무 아깝죠. 지금 현재 있는 곳이 내 노력과 경력과 능력이 집적된 곳이기에 가장 창조적이고 성과 지향적인 일을 할 수 있는 최적의 장소이기도 합니다. 이직은 그 모든 것을 무너뜨리고 처음부터 다시 시작하는 어마어마한 모험이에요. 게다가 옮긴 회사에서 만날 상사가 지금의 상사보다 나을 거라는 보장도 없습니다. 사실 상사와의 불화로 이직했다가 후회하는 사람이 제 주변에 너무도 많습니다.

'삼년불비(三年不蜚)'. 3년 동안 날지도 울지도 않은 새를 말하죠. 화려하게 비상할 순간을 위해 함부로 날지 않고 준비하는 자세를 의미하는 사자성어인데, 이직을 고민하는 당신에게 가장 필요한 말이 아닐까 싶습니다. 독수리는 아무 때나 날지 않습니다. 성공적인 이직을 원한다면 먼저 삼년불비의 자세로 현재 직장에 충실하세요. 아이러니하게도 좋은 기회는 언제나 지금, 이 자리에서 생기는 법입니다.

PART 3

BOSS SKINSHIP:
인정받는 보고를 위한 13가지 방법

임원들 앞에서 진행하는 프레젠테이션을 준비하느라
고난의 주일을 보냈다. 다크써클이 턱 밑까지 내려 온 D-day 아침,
화장실에서 마주친 상무님이 물었다. "오전에 할 프레젠테이션의 요점은 뭔가?"
"네? 어, 저, 글쎄요……." 나 뭔가 크게 잘못한 것 같다.

회사원은 매일매일이 오디션이다

지지자승(知之者勝)
확실히 아는 사람이 전쟁에서 이긴다는 뜻으로, 수박 겉핥기식 지식을
잘못 적용하면 오히려 화를 초래할 수 있다는 의미.

사무직 회사원들의 일상 업무를 들여다보면 거의 대부분이 보고입니다. 매일 보고서 쓰느라 적지 않은 시간을 할애할뿐더러 사실 회의도 여럿이서 들어가서 하는 보고라고 할 수 있죠. 보고는 이렇게 업무의 대부분을 차지하는 데다 상사와 직접 대면하는 일이니 만큼 나에 대한 윗분의 인상과 평가에 지대한 영향을 미칠 수밖에 없습니다. 따라서 보고는 '보스 전략'의 필수과목입니다. 이제부터 일반적인 보고 스킬이 아니라 성과와 윗분의 인정을 한꺼번에 잡을 수 있는 보고의 전략과 전술을 알려드리겠습니다.

보고의 무대에서
스킨십이 이뤄진다

――――――――― 먼저 보스와의 소통이라는 관점에서 '보고'의 가장 기본적인 것부터 분석해볼 필요가 있습니다. 보고란 왜 중요한 것일까요?

첫째는 성과를 결정하기 때문입니다. 보고는 조직으로부터 필요한 예산과 인력과 권한을 확보할 수 있는 유일하고도 공식적인 절차입니다. 보고를 잘하면 원하는 자원을 얻을 수 있지만, 실패한 보고는 오히려 확보해놓은 자원조차 내려놓게 만들 수 있지요. 많은 직장인이 보고에 목숨을 거는 건 그래서입니다. 보고만 잘해도 프로젝트 성공은 물론이고 승진까지 거머쥘 수 있으니까요.

게다가 보고는 프로젝트가 실패했을 때 더 중요해집니다. 지형지세가 불리하게 돌아가거나 위험이 감지될 때 사전에 알람을 울려야 회사와 나의 리스크를 최소화할 수 있어요. 면피용 보고라고 볼 수도 있지만 '리스크 센스'가 발달한 직원들은 보고할 때 슬슬 온도를 높입니다. "이래서 힘들 가능성이 있다", "대책을 마련하는 것이 현명할 것 같다"는 식으로 사전에 리스크를 먼저 알립니다. 조직의 입장에서는 최악의 상황을 가정해서 미리 준비할 시간을 확보할 수 있으니 불행 중 다행이죠. 재판에서 질 것 같으면 미리 항소를 준비한다거나, 벌금형이 선고될 것 같으면 미리 예산을 확보하는 식으로 리스크를 최대한 줄일 수 있으니까요. 반대로 나쁘게 생각하면 같은 행동도 책임을 피하기 위한 꼼수로 보일 수도 있습니다. 자기 혼자 살겠다고 빠져나갈 구멍부터 만드는 것처럼 보여 얄밉기도 합니다.

하지만 대부분의 윗분은 면피용 보고라도 받는 것을 선호합니다. 작전 실패는 넘어가줄 수 있어도 경계 실패는 결코 용서할 수 없기 때문이지요. 혼날까봐 겁나서 낙관적인 보고만 하는 직원들은 못 미더워합니다. 따라서 '보고를 해야 할까 말아야 할까' 고민된다면 일단은 보고를 하는 것이 정답입니다. 중요한 일일수록 '선보고 후조치'가 진리이니까요.

보고가 중요한 두 번째 이유는 보스와의 스킨십 기회를 늘리기 때문입니다. 보고는 크게 글로 하는 '서면 보고'와 말로 하는 '구두 보고'로 나뉩니다. 구두 보고는 다시 얼굴을 마주하는 '대면 보고'와 혼자 보고하는 '독대', 중간 보스들을 건너뛰고 다이렉트로 먼 윗분에게 보고하는 '직보'로 나눌 수 있습니다.

그중에서도 독대와 직보의 위력은 대단합니다. 독대와 직보를 할 때는 단둘뿐이니까 보고 내용을 자신에게 유리한 방향으로 편집할 수 있습니다. 자신이 원하는 방향의 결론을 내도록 보스를 설득하기에도 수월하죠. 무엇보다 권력자에게 나의 존재감을 어필하기에 안성맞춤입니다. 독대나 직보는 단순한 보고가 아니라, 보스와의 스킨십을 통해 순식간에 승진할 수도 있는 발탁인사의 무대라는 것이죠.

예전에 한 고위 공무원이 제게 해준 얘기가 있습니다. 외교통상부 시절 그 부의 장차관은 대부분 통상 담당이 아니라 외교 담당쪽에서 나왔다고요. 그 이유가 무엇인지 묻자, 그가 한마디로 정리하더군요.

"해외 순방할 때 대통령을 수행하는 건 외교부 사람들이니까요. 대통령하고 스킨십 기회가 많으니까 승진 기회도 더 많이 얻을 수밖에요."

이처럼 보고는 윗분에게 나의 역량과 실력을 직접적으로 입증할수 있는 가장 좋은 기회입니다.

세 번째, 보고는 그 과정 자체만으로도 업무 역량이 굉장히 향상됩니다. 모든 보고는 현황, 문제점, 개선 방안, 향후 계획, 이 네 가지가 핵심입니다. 필요한 내용을 빼먹지 않으려면 폭넓게 연구하고 디테일하게 정리해야겠지요. 또한 남다른 차별화를 하려면 새로운 고민도 게을리하면 안 됩니다. 보고를 많이 하고 보고서를 많이 쓸수록 실력이 늘어나는 이유입니다. 그 업무를 가장 잘 아는 사람은 보고서를 작성한 사람이라는 말이 괜히 나온 게 아니죠. 그래서 빅 보스가 나의 보스를 건너뛰고 보고서를 직접 작성한 나를 불러 상의하는 경우도 심심치 않게 생깁니다.

밥상을 받아보면 셰프의 솜씨를 알 수 있듯이, 보고를 받아보면 그 직원의 일머리가 보입니다. 보기엔 멋들어진 한정식인데 막상 메인 요리가 무엇인지 헷갈리는 보고가 있는 반면, 양식처럼 접시

하나에 모든 요리가 담겨 나와서 메인 메뉴를 단번에 파악할 수 있는 보고도 있습니다. 윗분이 좋아하는 보고 스타일은 당연히 후자겠지요. 연구와 고민을 많이 할수록 보고는 정제되고 보고서는 짧아지는 법이니까요.

최악의 오디션은
리플레이된다

───────────── 보고에 대해 묻는 후배들에게 제가 늘 하는 잔소리가 있습니다. "보고는 매 순간이 윗사람과의 면접"이라고요. 오디션 프로그램을 떠올리면 이해가 쉬울 겁니다. 이번 라운드에서 심사위원의 선택을 받아야 다음 라운드에 진출할 수 있는 것처럼, 직장인도 윗분의 선택을 받아야 후속 보고의 기회가 주어집니다. 말하자면 보고는 주어진 10분 동안 최대한 매력을 뽐내서 윗분의 선택을 받는 오디션인 거지요.

오디션을 볼 때 심사위원의 태도가 관대해 보여도 그건 겉모습에 불과합니다. 노래를 부를 때는 감동받은 표정을 짓더니 선택의 순간에는 냉정하게 '탈락' 버튼을 누르던 장면을 기억하시나요? 그게 바로 오디션의 세계입니다. 윗분도 표정만 관대해 보일 뿐 머릿속은 관대하지 않아요. 다 아는 내용을 보고하면 건성으로 고개를 끄덕이거나 관심을 안 보입니다. 그렇게 실패한 보고는 윗분의 머리에서 결코 잊히지 않아요. 요즘 오디션 프로그램은 자주 재방송 되죠. 참가자 입장에서 보면 지우고 싶은 최악의 장면이 계속 방송에 나오는 겁니다. 실패한 보고도 윗분의 머릿속에서 끊임없이 재방송됩니다. 그러니 만약 준비가 안 됐다면 무리하게 보고해서 윗분에게 실패의 기억을 각인시키는 것보다는, 차라리 보고를 미루는 게 낫습니다. 보스의 귀중한 시간을 빼앗지 않는 것만으로도 기본 점수는 지킬 수 있으니까요.

윗분에게 보고를 자주 하면 배우는 게 많습니다. 그중 하나가 윗분에 대해 잘 알게 된다는 겁니다. 『손자병법』에 나오는 총 6060자 중에서 가장 많이 나오는 글자는(총 79번) '알 지(知)' 자이고, 가장 대표적인 문장은 '지지자승 부지자불승(知之者勝 不知者不勝)'입니다. 아는 자 이기고 모르는 자는 이기지 못한다는 말입니다. 저는 이 말을 이렇게 바꾸고 싶어요. '보스를 알면 이기고, 보스를 모르면 이길 수 없다.' 보스 마음에 드는 보고를 하려면 우선 보스를 알아야 하고, 보스를 알려면 보스와 시간과 공간을 공유하는 기회가 많아져야 하고, 그러려면 보고를 많이 해야 하죠.

모든 업무의 시작과 끝인 보고. 마치 오디션을 준비하듯, 잘하겠다는 욕심을 내서 철저히 준비한다면 당신의 보고도 얼마든지 달라질 수 있습니다.

보고, 최적의 장소와 타이밍을 찾아라

간불용발(間不容髮)
머리카락 한 올 들어갈 틈이 없다는 뜻으로,
치밀하게 준비하여 빈틈이 없음을 이름.

직장인들 태반이 보고는 정해진 장소, 가령 윗분의 방이나 회의 자리에서 정해진 시간에 한다고 생각할 겁니다. 하지만 엄밀히 말하면 보고는 시간과 장소가 딱히 정해져 있지 않습니다.

당신이 윗분을 만난 순간에 그 자리에서 대화를 나누면 그게 바로 보고죠. 엘리베이터에서 만나 1분 퀵 리포트를 하는 것도 보고이고, 화장실에서 마주쳐 1분 동안 대화를 나누는 것도 보고입니다. 굳이 격식을 갖추지 않더라도 필요한 내용을 전달할 수 있는 시간과 장소만 확보된다면 그때가 최고의 보고 시간이고, 그곳이 최적의 보고 장소입니다.

보스의 집중력을 독점하는
'카풀 보고'와 '블루투스 보고'

──────────── 그렇다면 보스도 만족하고 결과도 만족스러울 수 있을 만한 최적의 보고 장소는 어디일까요? 제 경험상 보스가 차 안에 있을 때 드리는 보고가 성공률이 가장 높습니다. 보스가 사무실이 아니라 차 안에 있을 때 전화로 드리는 '블루투스 보고' 혹은 보스의 차에 직접 동승해서 하는 '카풀 보고'가 효과적이라는 겁니다.

실제로 비서들도 보스가 차로 이동 중인 시간에 보고하라고 하는 경우가 많습니다. 차 안 보고가 만능인 건 아니지만, 차 안만큼 윗분의 집중력을 방해하는 요소가 적은 장소도 없습니다. 윗사람 대다수가 사무실 보고보다 이동 중 전화 보고에 더 적극적인 반응을 보이는 건 그래서입니다. 줄기차게 울리는 전화나 수시로 찾아오는 사람들 없이 보고에만 집중할 수 있으니까요.

사람의 집중력은 매번 높을 수가 없기에, 특히나 앞뒤로 아랫사람의 보고가 밀려 있는 보스라면 계속 최상의 컨디션을 유지하며 듣기가 어렵지요. 그러나 차 안 보고는 다릅니다. 보스의 시간과 공간을 온전히 독점할 수 있지요. 혼자서 그분의 스포트라이트를 받는 겁니다. 보스의 집중력을 독점함으로써 더 많은 자원과 더 높은 성과를 거둘 수 있지요.

무엇보다 차 안 보고는 예고편 효과를 극대화합니다. 아직 보고

할 만큼 성숙한 단계는 아니지만 일의 원활한 진행을 위해 윗사람의 지원이 필요하거나, 본 보고에 앞서 윗사람의 관심과 긍정적인 반응을 이끌어낼 필요가 있을 때 차 안 보고는 효과 만점입니다. 차 안이라면 스치듯 건네는 말로 윗분의 의중을 확인해보기도 수월하고, 자연스럽게 이런저런 대화를 나누다가 생각지도 못한 고급 정보를 얻을 수도 있으니까요.

그렇다면 보스를 사로잡는 차 안 보고 노하우는 무엇일까요? 여러분을 위해 '꿀팁' 세 가지를 알려드리죠. 첫째, 퀵 리포트를 하는 겁니다. 차 안 보고는 무조건 간결해야 합니다. 너무 많은 내용이나 메시지를 전하려고 욕심 부려도 안 되고, 길고 복잡하게 설명해도 곤란합니다. 차 안 보고는 이동 시간 동안 핵심만 간단히 임팩트 있게 보고하는 것이 정석입니다. 차 안에서는 윗분도 구체적인 데이터를 묻지 않습니다. 상세한 내용은 나중에 보고서로 제출하겠다고 말하면 됩니다. 핵심 메시지만 전달해서 마치 영화 예고편처럼 본 보고에 대한 기대감을 최고조로 끌어올린다면 그것으로 '블루투스 보고'는 대성공입니다.

두 번째 꿀팁은 '제가 주말에 생각을 좀 해봤는데요'나 '제가 퇴근하고 생각해본 건데요'와 같은 말을 적극 활용하는 겁니다. 별것 아닌 것 같아도 윗분에게 당신을 각인시키는 데 효과 만점인 말입니다. '주사야탁(晝思夜度)'이라는 말처럼 밤낮을 가리지 않고 자나 깨나 일 생각을 하는 열정적인 직원이라는 이미지를 줄 수 있으니까요.

세 번째는 '카풀 보고'의 매너에 관한 것입니다. 윗분을 향해 뒤로 고개를 약간 돌리면서 보고하는 것이 좋습니다. 차에 타면 윗분은 뒷좌석 오른쪽에 앉고 아랫사람은 앞좌석 조수석에 앉다 보니 얼굴을 마주 보기가 쉽지 않습니다. 그렇다고 앞만 보고 말하면 하수입니다. 고수들은 윗분 쪽으로 고개를 살짝 돌린 상태로 보고를 드립니다. 고개를 너무 뒤로 돌리면 윗분이 부담스러워할 수 있습니다. 살짝만 돌려서 말하면 충분히 예의도 챙기고 이야기도 잘 전달할 수 있습니다.

단, 동승해서 밀착 보고를 할 경우에는 작은 실수도 없도록 철저하게 준비해야 합니다. 차 안 보고는 성공하면 대박이지만, 만약 작은 실수라도 할 경우에는 중간에 도망칠 방법이 없으니까요.

긴급한 사안일 경우
'인터셉트 보고'

——————————— 항상 '카풀 보고'나 '블루투스 보고'만 고집할 수는 없지요. 보고해야 할 최적의 타이밍에 운 좋게 보스와 출장을 가거나 전화 연결이 되는 경우는 극히 드물기도 합니다. 그래서 고수들은 '인터셉트' 전략을 씁니다. 윗분의 동선을 파악해 길목을 지키고 있다가 기습적으로 윗분의 시간을 빼앗는 거죠. 보고할

내용을 머릿속에 정리해놨다가 5분 정도 짧게 보고하는 겁니다. 저는 제 보스가 차 타기 직전에 차 문을 붙잡고 보고를 드린 적도 있습니다.

그러나 인터셉트 보고는 함부로 하면 안 됩니다. 윗분의 시간을 갑자기 빼앗았는데도 칭찬받는 보고가 되려면 반드시 통과해야 하는 조건이 있어요. 그건 바로 시급을 다투는 사안이어야 한다는 겁니다. 나중에 해도 되고, 보고서로 제출해도 되는 내용을 굳이 기습 보고하는 것은 하수가 하는 실수입니다.

간혹 하수들은 보안 등급이 높은 사안을 엘리베이터나 화장실 같은 누구나 들락거릴 수 있는 장소에서 인터셉트 보고를 하는 실수를 범하기도 합니다. 그처럼 위험한 일도 없죠. 옆자리나 옆 칸에 경쟁사 직원 등 외부인이 있을 수 있으니까요. 만약 회사의 명운을 좌우할 정도의 기밀이라면 블랙박스가 설치된 택시도 안전하지 않지요.

다시 말해 긴급히 보고해야 할 사안이되 기밀에 해당되는 내용이라면, 보고 장소와 방법을 치밀하게 계산해야 합니다. 비상구나 건물 귀퉁이처럼 사람 없는 공간으로 자리를 옮겨서 귓속말로 보고를 한다거나, 메모지에 적어서 살짝 보여줄 수도 있습니다. 윗분을 직접 만날 수 없다면, 전화나 문자메시지로 보고하는 것도 나쁘지 않은 방법입니다.

보고서 없이도
'굿 타이밍' 만들기

──────────── 가수에게는 악보가, 직장인에게는 보고서가 필수적이지만 가수가 무대 위에서는 악보 없이 노래를 부르듯이, 직장인도 보고서 없이 보고하는 기술을 늘려야 합니다. 특히나 직급이 올라갈수록 그래야 합니다. 그것은 곧 언제나 보고할 준비가 되어 있어야 한다는 뜻이죠.

윗분은 어디서나 우연히 만날 수 있습니다. 엘리베이터와 화장실은 기본이고 로비나 계단, 혹은 식당에서 밥 먹다가 마주칠 수도 있습니다. 그 우연한 만남을 보고의 굿 타이밍으로 만들기 위해서는 항상 보고할 준비가 되어 있어야 합니다.

주의해야 할 것은 우연한 만남을 굿 타이밍으로 삼아서 하는 보고와, 만난 김에 하는 보고는 다르다는 점입니다. 슬리퍼 신고 양치하러 갔다가 우연히 만났다고 바로 드리는 보고는 윗분의 나에 대한 신뢰를 떨어뜨릴 뿐입니다. 특히 중요한 보고일수록 그렇게 하다가는 열에 아홉은 실수가 생기기 마련입니다. 윗분은 들어보면 딱 압니다. 미리 준비한 보고인지, 아니면 갑자기 얼떨결에 하는 보고인지를요. 직장 상사를 당신의 '동네 형'으로 착각하면 곤란한 일이 생길 수 있습니다.

보고는 수다가 아닙니다. 윗분의 시간과 공간을 공유하고 윗분의 집중력을 독점하고자 한다면 그럴 만한 수준의 보고를 준비해야 합니다. 결국 윗분을 감동시키는 최적의 보고 타이밍은 당신의 보고 준비가 완벽할 때입니다.

또 하나 팁을 드리자면, 아무리 열심히 준비한 보고라도 TPO에 따라 과감하게 변경하거나 버릴 줄 알아야 한다는 겁니다. 윗분이 구두 보고를 받을 수 없는 상황이라면 아무리 오래 연습했어도 서면 보고로 대체하는 것이 맞습니다. 반대로 일주일 내내 공들인 보고서라도 윗분이 시간이 안 되면 과감하게 5분 구두 보고로 대신할 수 있어야 합니다. 가끔 자신의 보고서를 윗분에게 꼭 보여주고 그 앞에서 칭찬받고 싶어 하는 후배들이 있는데, 그것처럼 윗분들에게 점수 깎이는 행동이 없답니다. 노래방에서 반응이 별로면 중간에 노래를 꺼버리는 것이 낫듯이, 보고도 분위기를 살펴서 지금은 적절하지 않은 것 같으면 다음 기회를 노리는 것이 훨씬 낫습니다. 보고는 수단일 뿐 목적이 아니라는 걸 잊으면 안 돼요.

'간불용발(間不容髮)'이라는 말이 있습니다. 머리카락 한 올 들어갈 틈이 없다는 뜻이지요. 그만큼 보고는 꼼꼼하고 치밀하게 준비해야 합니다. 오늘 나의 보고는 조금의 빈틈도 없이 치밀하고 완벽했는가, 간불용발의 의미를 되새겨볼 일입니다.

'리포테이너'로 거듭나는 세 가지 매너

언근지원(言近旨遠)
말은 가깝고 뜻은 멀다는 의미로,
말은 알아듣기 쉬운데 내용은 깊고 오묘함을 이름.

요즘 '보고 울렁증'을 호소하는 직장인이 적지 않습니다. 기껏 밤새서 열심히 보고서를 준비했는데 막상 상사 앞에 서면 생각대로 말이 안 나온다는 거죠. 자신이 들어도 딱딱하고 재미없는데 벌써 뒷장을 덮어버리는 부장님 앞에서의 참담함이란, 당해본 사람은 압니다.

실제로 요즘 상사들은 이런 보고를 싫어합니다.

"다음 페이지 보시면……"

"뒷장 넘겨보시면……"

정형화된 보고를 싫어하는 거죠. 직접 대면 보고를 받을 정도의 일은 좋은 일보다는 나쁜 일, 심각한 사안이 대부분이죠. 가뜩이나 스트레스가 쌓여 있는데 보고까지 딱딱하고 재미없으면 귀에 들리질 않습니다. 따라서 보고서 자체는 드라이한 다큐멘터리라고 해도 이것을 말로 전달할 때는 약간의 예능감이 필요합니다. 말하자면 리포터(Reporter)와 엔터테이너(Entertainer)를 결합한 '리포테이너(Reportainer)'가 되라는 것이죠.

보고는 '다큐'가 아니다
'예능'이다

──────────── 말주변 없는 '곰 같은' 김 과장도 리포테이너로 변신하게 만드는 세 가지 법칙이 있습니다. 첫 번째는, 비하인드스토리를 적절히 활용하라는 것입니다. 보고서에는 굳이 넣을 필요 없지만 그 사안과 관련된 비하인드스토리와 곁가지 이야기로 잔재미를 주는 것이죠.

"그 경쟁 업체가 이번에 이 사업에 투자를 한 계기가 그 사장의 조카가 원래 이 분야에서 잔뼈가 굵은 사람이라서 투자를 적극적으로 권했다고 합니다."

"요즘 A 신문사에서 이 업체를 자꾸 밀어줘서 왜 그런가 봤더니 이 회사에 지분이 있다는 얘기가 주변에 파다합니다."

이런 식으로 업무에 도움 되는 신빙성 있는 소문들을 약간의 양념으로 곁들이면 귀에 훨씬 잘 들어옵니다. 게다가 무심코 얘기한

비하인드스토리가 주요 정보로 요긴하게 쓰이는 경우도 심심치 않게 있는 게 사실이죠.

둘째, 직장 상사의 감정선을 함께 따라가는 것이 중요합니다. 상사가 심각하게 들으면 심각하게 보고하고, 상사가 분노하는 기색을 보이면 그에 맞는 리액션을 하라는 겁니다.

원래 윗사람들은 사회적 체면 때문에 언제나 절반 정도 감정을 끌어내리는 것이 버릇이 된 사람들입니다. 그런데 조금 화내는 기색을 보였더니 부하 직원이 소매를 걷어붙이며 "제가 가서 뒤집어놓고 오겠습니다"라고 하면 말로는 "쓸데없는 짓 마라"고 해도 속으로는 마음이 풀립니다.

반면, 주변머리 없는 젊은 친구들 중에서 '안되는 이유'를 너무 자신감 있게 보고하는 경우가 더러 있습니다. 그럴 때 상사는 보고서를 집어던지며 "넌 안되는 게 그렇게 신나냐?"라고 소리치고 싶은 강한 충동을 느낍니다.

영화 〈러브 액츄얼리〉를 보면 스케치북을 넘기며 사랑 고백을 하지요. 메시지가 확실하면 굳이 말로 하지 않아도 상대방에게 전달되기 마련입니다. 논리적인 설명보다 감정적인 공감이 더 큰 전달력을 발휘합니다. 상사는 쓱쓱 페이지를 넘기고 있는데 혼자 열심히 앞 페이지를 설명하는 '버퍼링 보고'는 정말 최악입니다. 보고 내용에만 빠져 있지 말고, 상사의 표정과 감정선을 세밀하게 살펴서 메시지를 입체적으로 전달하는 센스가 무엇보다 중요합니다.

어설픈 달변보다
준비된 눌변이 낫다

──────────── 마지막 세 번째 매너는 직장 상사가 즐겨 쓰는 단어와 표현을 적절하게 활용하라는 것입니다. 모든 상사는 그만이 즐겨 쓰는 표현이 있습니다. 외국 유학파 출신 상사 중에는 "모멘텀", "레버리지" 등 특정 영어 단어를 자주 쓰는 분들이 많습니다. 보수적인 윗분 중에는 한자 성어를 즐겨 쓰는 이들이 있죠.

"100°C가 돼야 물이 끓는다"라는 문장을 즐겨 쓰는 상사에게 보고할 때 "이 프로젝트는 아직 100°C가 안 된 것 같습니다"라고 말하면 귀에 바로 꽂힙니다. 윗분 입장에서는 자신의 말을 따라하는 직원이 귀엽기도 하고, 평소에 자신의 말에 집중했음을 확인하게 되니 자연히 후한 점수를 주게 됩니다.

눈에 띄는 보고를 원한다면 '보스의 언어'를 사용하는 것이 필수입니다. 속담, 영어, 고사성어, 습관적 표현, 공식 용어, 그래프 등등 무엇이든 보스가 좋아하는 표현을 활용해보세요. 금세 상사의 눈빛이 달라지는 걸 확인할 수 있을 겁니다.

많은 회사원이 달변가를 부러워합니다. 말솜씨는 타고나는 것이라며 지레 위축되는 후배들도 여럿 봤지요. 하지만 보고는 순간순간의 순발력이 아니라 신뢰와 깊이로 승부하는 겁니다. 보고의 본질은 스피치가 아니라 커뮤니케이션이라는 거지요.

오히려 달변가가 불리할 때가 훨씬 많아요. 말을 너무 잘하면 뭔가 의도를 갖고 자유자재로 상사를 요리한다는 느낌을 줄 수 있거든요. 그래서 의도치 않게 경계를 당합니다. 말을 잘한다는 자만심 때문에 준비를 소홀히 하거나 쓸데없는 말까지 튀어나와 신뢰 점수를 깎아먹는 경우도 심심치 않게 봤죠. 그런 면에서 어설픈 달변보다는 '준비된 눌변'이 훨씬 낫습니다. 어눌하고 느린 듯하지만 오래 끓인 뚝배기 같은 보고! 거기에 약간의 양념만 넣어준다면 당신도 충분히 리포테이너가 될 수 있습니다.

'언근지원(言近旨遠)'이라는 말이 있습니다. '말은 쉬운데 뜻은 깊다'는 의미를 갖고 있죠. 깊은 뜻을 쉽게 전하는 사람, 바로 우리가 말하는 리포테이너 아닐까요?

최악의 보고 사대천왕

개과불린(改過不吝)
허물을 고치는 데 인색하지 않다는 뜻으로, 잘못이 있으면
조금도 주저하지 말고 즉시 고치라는 의미.

후배들이 물어봅니다. 어떻게 하면 보고를 잘할 수 있냐고요. 그럴 때마다 저는 이렇게 답하죠. 최소한 직장 상사가 제일 싫어하는 보고만 안 해도 중간은 간다고요. 보고를 잘하려고 노력하는 것도 중요하지만, 해서는 안 되는 보고를 파악하는 것이 더 중요합니다. 그럼 지금부터 보스가 가장 싫어하는 네 가지 보고 유형을 알려드릴게요.

누구나 실수하지만
아무나 정정하진 않는다

──────────────── 첫 번째는 '잘못된 보고'입니다. 가장 흔한 경우가 자신도 모르게 사실과 다른 내용을 보고하는 겁니다. 사실관계를 정확하게 확인하지 않고 잘못된 내용을 보고하거나, 중요한 내용을 빼먹고 보고하는 거지요. 이럴 때는 보고 내용이 잘못됐다는 것을 아는 즉시 상사에게 정정 보고를 해야 합니다. 분초를 다투는 시급한 사안이라면 새벽에라도 문자메시지를 보내야 합니다.

'개과불린(改過不吝)'이라는 말이 있습니다. 동양 정치사상의 원류라고 불리는『서경(書經)』「중훼지고편(仲虺之誥篇)」에 나오는 말입니다. 허물을 고치는 데 인색하지 않다는 뜻이지요. 상(商)나라를 세운 탕왕의 신하 중훼는, 탕왕이 민심을 얻어 새 나라를 건국할 수 있었던 일곱 가지 이유 중 하나로 바로 '개과불린'을 꼽았습니다.

허물은 바로 고쳐야 하고, 잘못된 보고는 그 즉시 정정해야 합니다. 잘못된 보고를 했다면 속전속결로 상황을 바로잡는 것이 무엇보다 중요합니다. 정확한 보고가 가장 안전한 보고라는 사실을 항상 명심해야 합니다.

점수가 깎일까 두려워서 입을 꼭 다물고 어떻게든 넘어가겠지 생각하면 낭패를 볼 수도 있습니다. 상사는 그 잘못된 보고를 의도적인 '거짓' 보고로 오해할 수도 있으니까요. 다시 말해 잘못된 보고의 가장 큰 후폭풍은 상사에게 신뢰를 잃는다는 것입니다. 한두 번쯤은 실수라고 봐줄 수도 있지만, 같은 실수를 반복하는 직원이라면 상사는 결국 그를 색안경을 끼고 보게 됩니다. 그래서 그가 보고를 하면 내용 이해보다 오류가 없는지부터 찾게 되고, 무슨 말을 해도 덮어놓고 의심부터 하게 되지요. 따라서 자신이 한 보고 중 잘못된 부분을 확인하면 그 즉시 정정 보고하는 태도를 갖춰야 합니다.

자신의 잘못을 덮기 위해 의도적으로 내용을 가감한다거나, 자신의 실적을 부풀리는 '과장 보고'도 상사의 신뢰를 잃는 지름길입니다. 이로 인해 상사가 잘못된 의사 결정을 하게 될 경우 중징계는 물론이고, 심하면 법적 처벌도 피할 수 없습니다.

보고의 기본은 육하원칙입니다. 육하원칙은 상사가 상황을 정확히 인식해 최선의 의사 결정을 내리는 데 필요한 기본 정보입니다. 따라서 과욕 부리지 말고 최대한 육하원칙에 맞게 보고해야 상사의 신뢰를 얻을 수 있습니다.

그래서 요점이 뭔가?
What Is Your Point?

──────────── 상사에게 절대 해서는 안 되는 두 번째 보고

유형은 '원점 보고'입니다.

모든 보고는 탄생과 성장과 숙성의 과정을 거치게 됩니다. 첫 보고와 중간 보고와 끝 보고가 다르고, 월초 보고와 월중 보고와 월말 보고가 다릅니다. 시기마다 각각 다뤄야 할 내용과 핵심이 다르다는 겁니다. 그런데 매번 프로젝트의 처음부터 줄줄 보고하는 사람들이 있습니다. 창의성 없이 앞의 과정을 겹겹이 쌓아서 갈수록 두꺼운 보고를 하는 것이지요.

이런 원점 보고를 하게 되는 원인은 업무에 대한 이해가 부족하거나 자기 고민이 없기 때문입니다. 핵심 파악을 못하니까 처음부터 줄줄 읊게 되는 거지요. 그동안의 논의가 마음에 안 들어 자기 뜻대로 원위치를 시키려고 원점 보고를 하는 경우도 있습니다. 어쨌거나 두 경우 다 업무에 정성을 쏟지 않아서 졸속 보고를 하게 되는 겁니다. 모두 상사가 싫어하는 보고 유형이지요.

모든 보고는 언제나 새로워야 합니다. 지난 보고와 이번 보고는 반드시 달라야 합니다. 항상 새로운 내용이 업데이트되어야 한다는 겁니다. 죽은 보고는 존재 이유가 없습니다. 또한 원점에서 재고하려면 반드시 그럴 만한 이유가 있어야 합니다. 보고에도 일사부재리의 원칙이 적용된다는 것이지요.

'슬양소배(膝痒搔背)'라는 말이 있습니다. 무릎이 가려운데 등을 긁는다는 뜻으로, 이치에 맞지 않는 일을 할 때 쓰는 말입니다. 핵심을 벗어나 지류에 집중하는 보고가 되지 않도록 늘 경계해야 합니다.

상사가 싫어하는 세 번째 보고 유형은 '정리 안 된 보고'입니다.

모든 보고는 매크로에서 마이크로로 가야 합니다. 마치 침을 놓 듯이, 돋보기로 햇빛의 초점을 모으듯이, 정확하게 핵심만 짚어야 합니다. 그런데 고민이 없으면 앙꼬 없는 찐빵처럼 앞뒤가 안 맞는 보고서가 나오게 되지요. 반대로 고민이 너무 많아도 보고서가 박 사 논문처럼 두껍고 복잡해집니다. 성실하긴 한데 핵심을 모르니 까 이것저것 닥치는 대로 자료를 수집해서 두꺼운 보고서를 만드 는 겁니다.

매번 독학으로 핵심을 파악해야 하는 보고서를 좋아하는 상사는 없지요. 부지런하지만 멍청한 직원보다는 게을러도 똑똑한 직원이 낫다는 말이 그래서 나오는 겁니다. 정확히 정수를 파고드는 실력 자를 더 선호하는 거지요. 50페이지짜리 길 잃은 보고서보다, 2페 이지짜리 핵심 보고서가 훨씬 훌륭하기 때문입니다.

구두 보고를 할 때도 마찬가지입니다. 간결하게 핵심만 전달하 는 보고는 듣기 좋은 노래처럼 다시 듣고 싶어집니다. 두서없고 중 언부언하는 보고는 윗분에게 잡음일 뿐입니다. 보고 듣느라 시간 을 빼앗기느니 차라리 혼자 읽는 것이 낫다는 생각이 들 정도지요.

ARS 같다면
당신은 하수

─────────── 피터 드러커는 『프로페셔널의 조건』에서 '읽는 사람'과 '듣는 사람'을 구분해서 읽는 사람에게는 서면 보고를, 듣는 사람에게는 구두 보고를 하라고 했습니다. 이렇듯 보고는 상사 맞춤형 보고가 되어야 합니다. 그렇다면 구두 보고를 잘하려면 어떻게 해야 할까요? 비법은 리허설입니다. 배우들이 촬영 전에 리허설을 하듯이, 직장인들도 보고하기 전에 연습을 해야 합니다. 실전이라고 생각하고 혼잣말로 몇 번씩 반복해서 연습해야 합니다. 충분히 연습해서 완벽하게 내용을 숙지하면 상사의 반응을 살피면서 적재적소에 필요한 말을 추가할 수도 있게 되지요. 윗분이 "그래서 요점이 뭔가?"라고 물으면 곧바로 대답하는 순발력도 발휘할 수 있고요.

구두 보고를 잘하는 사람은 보고서도 잘 쓰고, 보고할 때 중언부언하는 사람은 보고서도 두서없이 쓰는 법입니다. 따라서 보고서를 잘 쓰기 위해서라도 구두 보고 리허설에 습관을 들여야 합니다.

저는 리허설 때 녹음해서 들어보는 것을 '강추'합니다. 자신이 한 말을 녹음해서 다시 들으면 어색한 표현이나 부족한 부분을 찾아낼 수 있죠. 또한 어투도 점검해봐야 합니다. 윗분에게 보고할 때 ARS처럼 기계음으로 딱딱하게 말하는 건 하수나 하는 행동이죠. 듣는 사람이 편안하도록 최대한 자연스러운 어투로 말하는 게 좋습니다.

저는 늘 후배들에게 "윗분의 시간을 돈으로 환산해보라"는 잔소리를 하곤 합니다. 만약 상무님의 1분이 1000원이라면 10분 동안의 쓸데없는 보고는 1만 원의 손해를 입히는 결과가 됩니다. 만약 회장님의 1분이 10만 원이라면 중언부언 10분 보고가 100만 원의 손실로 이어지겠지요. 윗분의 시간을 돈이라고 생각하면 결코 허투루 보고할 수 없게 됩니다. 따라서 보고 리허설을 할 때는 시간 조절도 중요합니다. 스톱워치를 이용해 정해진 시간 안에 보고를 끝내는 연습을 해보십시오.

상사에게 절대 하지 말아야 할 네 번째 보고 유형은 '깜짝 보고' 입니다. 아무리 기쁜 소식이라도 느닷없는 보고는 윗분이 가장 싫어하는 것 중 하나입니다.

우리나라 사람들은 불확실성을 회피하려는 성향이 강한 편입니다. 직장인들이 밤을 지새우며 일하는 이유는 알 수 없는 미래를 조금이라도 미리 예측하기 위해서지요. 보고를 주기적으로 하는 것도 변화하는 상황을 계속 확인하기 위해서입니다. 연속적이고 미래 예측력을 높여주는 보고가 가장 훌륭한 보고인 셈입니다. 아무리 좋은 소식이라도 갑작스러운 보고는 자신의 예측력이 낮다는 것을 증명하는 것이지요. 그러므로 깜짝 보고를 하지 않도록 평소에 계획적으로 업무를 실행하고, 윗분이 갑자기 놀라는 일이 없도록 짬짬이 보고를 해야 합니다.

마지막으로 사소하지만 중요한 세 가지 잔소리를 더 해보겠습니다.

첫째, 보고서 작성 시 오타에 신경 쓰고 제출 시 누락한 페이지가 없나 꼭 살피세요. 그런 실수가 있는 보고서 때문에 집중력 없는 직원이라는 평가를 받을 수 있으니까요.

둘째, 무리하게 한 페이지에 모두 담아야 한다는 강박은 버리세요. 어떤 윗분들은 노안 때문에 작은 글씨가 안 보입니다. 글씨 크기라는 사소한 이유 때문에 야단을 맞는 건 피해야겠지요.

셋째, 반드시 통과시켜야 할 보고일수록 유연해져야 합니다. 당신이 고집부리고 강력히 밀어붙일수록 윗분은 경계심을 가지게 됩니다. 갑옷을 입은 윗분을 뚫기 위해 무리수를 두다 보면 더 큰 실수로 이어지기 마련이지요. 급할수록 돌아가라는 격언을 꼭 명심했으면 좋겠습니다.

지금까지 절대 하지 말아야 할 네 가지 보고 유형에 대해 살펴봤습니다. 이런 유형만 피해도 보고는 절반은 성공한 셈입니다. 상사에게 신뢰를 주는 보고, 상사에게 핵심을 전달하는 보고가 가장 멋진 보고임을 잊지 마세요.

질문의 딜레마, 어디까지 물어볼 것인가

군맹무상(群盲撫象)
장님이 코끼리를 더듬는다는 뜻으로, 자신의 좁은 소견과 주관으로
사물을 잘못 판단하는 것을 의미.

상사의 지시가 항상 명쾌하고 옳은 건 아닙니다. 때로는 말도 안
되는 일을 시킬 때도 있습니다. 그럴 때 단번에 상사의 잘못을 지
적할 배짱 있는 직원은 많지 않지요. 아마 대부분은 불만이 있어도
시키는 대로 일 처리를 할 겁니다. 최대한 상사의 비위를 건드리지
않는 것이 자신을 지키는 방법이라고 여기는 것이지요.

맞는 말입니다. 평소라면 시키는 대로 일하는 직원을 선호할 겁
니다. 말끝마다 브레이크 거는 아랫사람을 좋아하는 대범한 윗분
은 드물지요. 하지만 절반을 잘라내야 하는 상황이라면 어떨까요.
존재감 없는 직원이 아웃 대상자 영순위가 될 겁니다. 영혼 없이
시키는 대로만 일하는 직원을 핵심 인재라고 생각하는 윗분은 없

으니까요.

경쟁에서 살아남는 방법은 비슷한 무리와 나를 차별화하는 겁니다. 자신만의 존재감을 드러내는 것이지요. 만약 부서 안에 비판자가 많다면 윗분의 의견을 충실히 따르는 순응자의 역할을 맡는 것이 자신을 부각시키는 방법이 될 겁니다. 하지만 이런 경우는 많지 않지요. 대부분은 순응자와 방관자가 다수를 차지할 겁니다. 윗분의 의견에 건전한 비판을 제기하는 브레이커가 되는 것이 자신을 차별화하는 방법이 되는 것이지요.

윗분은 자신의 의견을 충실히 따르는 아랫사람을 원하면서도 내심 불안해합니다. 혹시 잘못 판단해서 큰 실수라도 저지를 경우 그 책임을 자신이 모두 안고 가야 하니까요. 다시 말해 윗분 입장에서는 모든 아랫사람이 스마트한 것도 피곤하지만, 생각 없이 시키는 대로만 일하는 것도 불안합니다. 자신을 따르는 다수와 건전한 비판과 문제 제기를 하는 소수가 공존할 때 가장 안정감을 느낍니다. 항상 만장일치인 것보다 다수결이 안심이 되는 거지요. 그래서 당신에게 때로는 용기가 필요합니다. 모두가 '예(Yes)'라고 할 때 혼자 '아니오(No)'라고 하는.

"모르면 물어보라고!"
vs "그걸 아직도 모르냐?"

──────────── 아직 정리되지 않은 프로젝트를 보고서로 써내라고 하면 윗분이 원하는 보고서 방향을 몰라서 답답하고 막막합니다. 윗분에게 직접 물어보기도 힘들죠. 그것도 모르냐고 타박할까봐서요. 그래서 혼자 전전긍긍하다가 엉뚱한 보고서를 내는 경우가 적지 않습니다.

지시를 받긴 했는데 어떻게 해야 할지 모르겠고, 윗분이 원하는 것이 무엇인지 헷갈린다면 일단 물어보는 것이 정답입니다. 설사 윗분이 짜증을 내더라도 스스로 이해가 될 때까지 계속 물어봐야 합니다. 가마솥 태워서 밥을 못 먹게 만드는 것보다, 차라리 욕을 먹더라도 계속 물어서 밥을 제대로 짓는 것이 천번만번 낫습니다.

보고서는 대량생산 공산품이 아닙니다. 사람이 손으로 빚는 창작물이죠. 따라서 그때그때 완성도가 다릅니다. 이번에 잘 썼다고 해서 다음에도 잘 쓴다는 보장이 없습니다. 아무리 능력 있는 직원이라도 핵심을 파악하지 못하면 보고서 품질은 바닥으로 떨어지기 마련입니다. 그래서 윗분은 불안합니다. 즉석밥 같은 보고서라면 그냥 전자레인지에 돌리면 되니까 상관없지만, 냄비 밥 같은 보고서는 어떤 결과가 나올지 모르니까 걱정이 되는 것이지요.

보스는 도매상입니다. 아랫사람이 생산한 보고서를 잘 가공해서 자기 윗사람에게 영업하러 갑니다. 아랫사람이 작성한 보고서가 훌륭하면 잘 팔리는 거고, 엉망인 보고서를 들고 가면 윗사람도 같이 망하는 겁니다. 사칫 큰 오류가 있는 보고서를 잘못 올렸다가는 회사 차원에서 큰 손해를 감수할 수도 있습니다. 그래서 윗사람도 아랫사람이 자신의 지시를 정확히 이해했는지 궁금해합니다. 이해한 만큼 흡족한 보고서가 나올 테니까요.

그러니까 헷갈리면 일단 물어봐야 합니다. 보고서를 쓰기 전에 윗분이 원하는 파이널 메시지를 정확하게 확인해야 합니다. 길을 잘 모르면 동네 사람에게 물어보듯이, 일을 진행하다가 잘 모를 때는 윗분에게 물어보거나 잘 아는 사람에게 도움을 받아야 합니다.

'군맹무상(群盲撫象)'이라는 말이 있습니다. 장님이 코끼리를 더듬는다는 뜻으로, 자신의 좁은 소견과 주관으로 사물을 잘못 판단함을 이르는 말입니다. 모를 땐 헤매지 말고 물어봐야 합니다. 열린 윗분일수록 자신이 질문하기를 두려워하지 않으며, 아랫사람에게 질문을 받는 것도 기뻐합니다. 질문이 많다는 것은 일에 대한 열정이 많다는 뜻이기도 하니까요. 다만 윗분에게 질문할 때는 몇 가지 요령이 필요합니다.

당신이 만약 사원이나 대리라면 모르는 것이 있을 때마다 질문하세요. 처음에는 문제가 생겨도 그것이 얼마나 큰 문제인지, 해결 방법은 어떤 것이 있는지, 자신에게 얼마만큼의 권한이 있는지 잘 알지 못합니다. 괜히 무리하게 일을 진행하다가 더 큰 문제로 키우지 말고, 모르면 물어보고 윗분의 판단을 받아야 합니다. 자신이 처리해야 하는 업무를 체크리스트로 만들어서 조목조목 물어보는 것도 도움이 됩니다. 처음부터 잘할 수 없으니까 윗분에게 보고하고 지시를 받으면서 '경험치'를 쌓으라는 겁니다.

'can do' 모르면 직무 태만,
'cannot do' 모르면 월권

──────────── 초보 단계를 지났다면 아무거나 물어보면 안 되겠지요. 중간 관리자 이상의 직책이라면 자기 윗분에게 물어야 하는 것은 크게 두 가지입니다. 하나는 'can do', 다른 하나는 'cannot do'에 관해서죠. 설명하자면 첫 번째는 자신이 할 수 있고 해야 하는 일의 범위, 두 번째는 해서는 안 되는 일의 범위입니다. 진행하다가 장애물을 만났을 때 내 선에서 해결할 일과, 윗분과 상의해야 하는 일을 정확하게 구분해야 한다는 것이지요. 이 두 가지를 묻지 않으면 실수가 생기기 마련입니다. 첫 번째에 대해 잘 모르면 직무 태만을, 두 번째에 대해 잘 모르면 월권을 저지를 수 있습니다.

업무 추진 중에 윗분에게 혼이 날 때는 대부분 이 두 가지에 대한 판단을 잘못했기 때문입니다. 이 정도는 해도 되는 줄 알았다가 문제가 생기기도 하고, 너무 소극적으로 굴어도 문제가 생기지요. 자기 업무 범위를 제대로 알기 전까지는 윗분에게 재차 확인하는 것이 좋습니다.

한 가지 더. 업무 지시, 특히 보고서 작성 지시를 받았을 때는 반드시 '데드라인'을 확인하는 습관을 들여야 합니다. 서울과 부산은 딱 한 번 갈라집니다. 고속도로에서 한번 길을 잘못 들어서면 돌이키기 어렵지요. 사소한 갈림길에서 배가 산으로 가는 겁니다.

처음 일을 시작할 때는 일정과 내용을 잘게 쪼개고, 매일 출근과 동시에 중요한 일부터 처리하고, 계획한 대로 잘 진행되고 있는지 수시로 점검하고, 장애물이 나타나면 크기와 무게를 가늠해서 스스로 해결할 것인지 아니면 윗분에게 도움을 청할 것인지를 정확히 판단해야 합니다. 그리고 이 과정을 끊임없이 반복하며 몸으로 익혀야 합니다. 그래야 장님이 코끼리 만지는 엉뚱한 보고서를 피할 수 있습니다.

직장인의 업무는 결국 세 가지입니다. '보고'와 '판단'과 '결정'입니다. 직급이 낮을 때는 보고와 판단이 주된 업무이고 임원급으로 올라가면 결정을 주로 담당하게 되지요. 그래서 최고 결정자라는 말은 있어도 최고 보고자나 최고 판단자라는 말은 없지요. 결정하는 직위까지 등급이 올라가려면 지금의 업무인 보고부터 잘해야 합니다. 모르면 물어보기, 단순하지만 가장 지혜로운 생존법입니다.

리스크가 큰 일, 기권을 던질까

교룡운우(蛟龍雲雨)
비구름을 만난 용이 하늘로 비상한다는 뜻으로, 위기 속에 기회가 있고
난세에 영웅호걸이 나온다는 의미.

군대에 '꿀보직'이 있다면 직장에는 '꿀업무'가 있습니다. 실패해도
별 문책을 받지 않는, 흔히 꽃놀이패라고 부르는 쉬운 일을 가리
키지요. 그런데 그런 일은 당장은 혀에 달지만 결과적으로 득이 될
게 없습니다. 잘해야 기본이고, 공도 모두 상사에게 돌아가기 쉬운
일이니까요. 게다가 선택받은 소수가 아니라면 '꿀업무'를 담당할
기회도 드뭅니다.

오히려 가끔은 특공대로 나설 필요가 있습니다. 아무도 나서지
않는 리스크가 큰 일에 손들고 자원하는 것, 무리수처럼 보이겠지
만 사실은 득이 더 많습니다.

어려운 일일수록
손들고 나서라

──────────── 어려운 일에 먼저 손들고 나서면 그 자체로 높은 평가를 받을 수 있습니다. 누가 해도 망가질 일이라는 걸 회사나 직원들이 모두 알기 때문에 실패해도 손해 볼 것이 없지요. 리스크가 큰 일인 만큼 강력한 특공대장을 만나 업무 역량을 높일 수도 있습니다. 만약 성공한다면 그 보상은 엄청날 것이고, 실패해도 자원한 일인 만큼 가산점이 생기지요. 평생의 수호천사가 되어줄 상사까지 만난다면 금상첨화일 겁니다.

임원이 되면 그동안 성과가 낮았던 까다로운 일들을 대상으로 'MBO(Management By Objectives)' 즉 목표 달성을 위한 경영 활동을 펼쳐야 합니다. 이런 일은 임원 입장에서도 골칫덩이가 아닐 수 없지요. 그럴 때 당신이 함께 목숨을 걸어줄 전우로 나서준다면 얼마나 반갑고 고맙겠습니까. 게다가 그 일의 성과까지 좋으면 당신은 그 임원에게 무슨 일이든 감당해낼 만한 '가감지인(可堪之人)'으로 두고두고 인정받겠지요.

'교룡운우(蛟龍雲雨)'라는 말이 있습니다. 비구름을 만난 용이 하늘로 비상한다는 뜻으로, 위기 속에 기회가 있고 난세에 영웅호걸이 나온다는 의미지요. 회사 생활도 마찬가지입니다. 회사의 숙원 사업 해결에 참여하면 당신은 영웅 취급을 받을 것이고 승진은 따 놓은 당상이겠지요. 가장 어려운 일이 당신에게 기회가 된다는 걸 명심하세요.

그렇다고 요령 없이 아무 일이나 덥석 물면 안 됩니다. 손익 분석을 해봐서 성공 가능성이 70% 이상은 될 것 같다거나, 특공대장이 훌륭한 분이어서 배울 점이 많을 것 같다거나, 충분히 실력 발휘를 해볼 만한 일로 생각되면, 다시 말해 실패해도 하나 이상의 굵직한 이득을 얻을 수 있다고 판단되면 손을 들어야 합니다. 판단이 잘 서지 않는다면 선배들에게 물어보는 것도 방법일 겁니다.

때로는 똑똑한 태업도
할 줄 알아야 한다

─────────────── 그런데 만약 결코 끼고 싶지 않은 프로젝트에 합류하라는 지시가 내려온다면 어떻게 해야 할까요? 가능하다면 끝까지 거절해야 합니다. 엄청나게 크고 분명한 대가가 약속되지 않는 일이라면 처음부터 발을 들이지 않아야 합니다. 설거지했다고 보상받는 경우는 없습니다. 그런 일은 잘해야 본전이고, 조금만 잘못해도 리스크는 크게 돌아오는 법입니다.

『손자병법』에 '군명유소불수(君命有所不受)'라는 말이 나옵니다. 전쟁터에서는 임금의 명령을 어길 수도 있다는 뜻이지요. 때로는 따르지 말아야 할 지시도 있는 법입니다. 아랫사람을 자신의 방패막이로 활용하고 폐기 처분하는 비겁한 윗분도 의외로 많습니다.

절대적인 복종만이 답은 아닌 거지요.

불론 항명처럼 보이면 안 되니까 최대한 자연스럽게 거절하는 요령이 필요합니다. 맡은 업무가 너무 많아서 할 수 없다거나, 잘 모르는 영역이어서 제대로 해낼 수 없다거나, 어떤 이유를 대서든 가급적 피해야 합니다.

하지만 도저히 거절할 수 없다면 최대한 자신에게 유리하게 협상하는 요령이 필요하겠지요. 설거지를 해주는 대신 적절한 보상을 요구하는 겁니다. 상사도 어차피 누군가는 해야 할 일이니까 거절하기 어려울 겁니다. 먼저 달콤한 대가를 제안하는 윗분도 많이 있고요.

똑똑한 태업도 할 줄 알아야 합니다. 상사가 무리한 일을 지시한다면 그런 일은 약간 게으르게 하라는 뜻입니다. 그 시간에 다른 미뤄놓은 일을 하는 것도 좋지요. 상사도 그릇된 판단을 하는 경우가 있습니다. 그런 판단에 따르느라 시간을 낭비하고 회사에 손해를 끼치는 것은 바람직하지 않습니다.

끝이 정해진 일에 너무 공을 들이면 힘들어서 지치고 결국엔 몸도 마음도 상하게 됩니다. 차라리 공부하는 마음으로 배울 것만 취하고 나머지는 흘려버리는 것이 스스로를 지키는 방법이 될 수 있습니다. '주위상책(走爲上策)'이라는 말처럼, 때로는 해를 입지 않기 위해 달아날 줄도 알아야 합니다.

앞일은 누구도 장담하지 못합니다. 자신 있게 리스크가 큰 일을 맡았는데 뜻대로 안 될 수도 있고, 실패가 뻔해 보여 거절한 일에서 정반대로 '잭팟'이 터질 수도 있지요. 일희일비하지 말고 잘될 때는 열심히 성공의 열매를 따 먹고, 잘 안 될 때는 협상과 태업의 요령을 발휘해보세요. 리스크가 큰 일에 대처하는 방법만 잘 알아도 당신의 직장 생활은 탄탄대로가 될 것입니다.

보스의 셈법으로 일하라

피리양추(皮裏陽秋)
사람의 피부 안 즉 마음에는 선악과 시비의 기준이 있다는 뜻으로,
입 밖에 내지 않지만 사람마다 나름의 속셈과 분별력이 있다는 의미.

10여 년 전에 지인들에게 연하장을 보낸 적이 있습니다. 컴퓨터로
찍어낸 똑같은 연하장이 아니라, 50명 각자에게 전하고 싶은 이야
기를 손으로 적은 연하장 말입니다. 누구에게 보낼지 골라내고, 무
슨 이야기를 쓸지 고민하고, 한 장 한 장 손수 적다보니 무려 3주나
걸리더군요. 그리고 부하 직원에게 발송을 하라고 시켰습니다.

며칠 후 몇몇에게 전화를 걸어서 연하장 잘 받았냐고 인사를 건
넸는데, 이상하게도 하나같이 못 받았다는 겁니다. 나중에 알고 보
니 직원이 일반우편으로 보냈더군요. 너무 마음이 상해서 3일 동안
그 직원 얼굴을 안 봤습니다. 마음 같아선 이마에 우표를 붙여서
어디론가 보내고 싶더군요. 그는 무슨 잘못을 했을까요? 저는 왜

그토록 화가 났던 걸까요? 그가 저의 셈법대로 일하지 않았기 때문입니다.

일반우편과 등기우편은 천지 차이입니다. 등기로 우편물을 받으면 보낸 사람이 나를 중요하게 생각한다고 여기게 되지요. 몇 백원 차이가 연하장의 품격을 바꾸는 겁니다. 만약 나의 입장을 고려했다면 그 직원은 당연히 등기우편으로 보냈어야 합니다. 하지만 자기 계산대로 일반우편으로 보냈지요. 일반으로 보낼까요, 등기로 보낼까요, 저에게 한 번이라도 물어봤다면 그런 문제가 생기지 않았을 텐데 그 직원은 물어볼 생각도 안 하고 자기 계산대로 일 처리를 한 겁니다. 그 결과 3주에 걸친 저의 노력은 물거품이 되고 말았지요.

삼성그룹 역대 사장의 37%가 사장 비서 출신입니다. 왜 그럴까요? 보스의 셈법으로 일할 줄 알기 때문입니다. 보스가 가장 우선으로 삼는 기준, 반드시 지키는 원칙, 결코 용납하지 않는 실수, 하다못해 취미나 관심사까지 전방위로 파악해서 보스가 했음직한 방식대로 일 처리를 하는 거지요. 말하자면 보스의 일하는 방식을 공식처럼 따르는 겁니다. 사장의 공석을 채울 대안으로 사장 비서가 일순위에 오르는 것도 무리가 아니지요. 그만큼 사장의 업무를 잘 처리할 사람도 없으니까요. 윗사람의 자리에 오르고 싶다면 윗사람의 셈법으로 일하는 것이 가장 빠른 길이라는 겁니다.

하나에서 열까지
보스에게 빙의하라

──────────── 그럼 윗분의 셈법대로 일하려면 무엇을 해야 할까요? 저는 두 가지 방법을 권하고 싶습니다. 첫 번째는 윗분이 원하는 그림대로 설계하라는 겁니다.

보고서를 자기 분신이나 작품쯤으로 생각하는 사람들이 왕왕 있습니다. 온갖 미사여구로 멋을 부리고, 작문하듯 시적인 표현을 남발하죠. 이미 답을 정해놓고 윗분을 설득하기 위해 보고서를 작성하는 경우도 적지 않습니다. 자기 계산대로 일하는 하수들의 보고서가 이렇습니다. 돌아오는 말은 결국 "다시 써 와!"가 되겠지요. 아무리 보기 좋은 보고서라도 윗분이 원하는 내용이 없다면 결코 결재를 통과할 수 없습니다.

보스의 셈법대로 일하는 사람들은 출발부터 다릅니다. 자기 논리가 아니라 보스의 논리, 자기가 중요하다고 생각하는 메시지가 아니라 보스가 중요하다고 생각하는 메시지를 중심에 놓고 보고서를 설계합니다. 보스는 어떤 방향으로 어떻게 실행하길 원할까, 마치 빙의하듯 보스의 생각과 기준과 취향 등을 고려해서 보고서를 작성합니다. 감이 안 오면 윗사람에게 물어서 답을 찾고, 그래도 잘 모르겠으면 얼기설기 스케치라도 그려서 윗사람에게 재차 확인을 받습니다. 그 결과, 보스가 원하는 방향과 납기일 등을 정확히 파악해서 보스 마음에 쏙 드는 설계도를 만들어냅니다. 이게 바로 보스의 셈법으로 일하는 사람들의 보고서 작성법입니다.

보고서의 마지막은 빅 보스의 결재입니다. 윗분들이 "통과!"를 외쳐야 비로소 보고서는 종이 쪼가리에서 현실로 탈바꿈할 수 있습니다. 윗분의 셈법을 못 읽고 길을 헤매면 보고서 통과는 요원한 일이 됩니다. 보고서를 잘 쓴다는 것은 곧 윗분이 원하는 핵심을 잘 파악한다는 것과 동의어인 거지요.

보고서의 장점은 실행 전에 작성한다는 겁니다. 일단 삽을 뜨면 못 고치지만, 보고서 단계에선 수백 번 고칠 수 있지요. 마지막까지 수정이 가능하다는 생각으로 윗분과 끊임없이 대화하고 검증받아서 윗분이 원하는 방향을 반드시 찾아내야 합니다. 이것이 바로 윗분의 셈법으로 일하는 첫 번째 방법입니다.

보고서는 보스의 실행을 위한
진짜 설계도다

─────────────── 두 번째는 이상과 현실 사이에서 균형 감각을 유지하는 겁니다.

보스의 셈법으로 일하려다 보면 어쩔 수 없이 겪게 되는 시행착오가 있습니다. 보스의 취향에 너무 집중한 나머지 정작 중요한 것들을 놓치는 거지요. 보고서 단계에서는 아무 문제도 없어 보였는데 막상 실행해보니 예산이나 일정이 초과한다거나, 다른 부서와의 협업이 필수적인데 사전 논의를 전혀 안 했다거나, 현장 업무는 다른 부서가 담당한다는 이유로 자원 배치를 소홀하게 하는 등 여러 가지 문제가 발생하곤 합니다. 윗분에게 인정받고 싶은 마음이 너무 컸던 나머지 제대로 사실 확인도 안 하고 윗분 취향에만 집중해서 계획을 수립한 거지요.

그런 사실을 확인했다면 그다음이 중요합니다. 처음부터 다시 시작해야 합니다. 멍든 사과는 멍든 부분만 잘라내고 먹으면 되지만, 썩은 사과는 통째로 버려야 합니다. 실행 가능성이 낮거나 균형 감각을 잃은 보고서라면 아까워하지 말고 통째로 버려야 합니다. 어떻게든 살려보겠다고 자기 셈법대로 고치다가 더 큰 실수를 만드느니, 차라리 초심으로 돌아가 새로 시작하는 것이 훨씬 나은 선택입니다.

보스를 위해 제대로 일하려면 이상과 현실 사이의 균형 감각이 가장 중요합니다. 다시 말해 보스가 원하는 성과와 현실적으로 가능한 결과의 간극을 최대한 줄여야 합니다. 보스가 중요하게 생각하는 방향으로 일을 진행하되, 다양한 변수를 모두 고려해서 실행 가능한 계획을 수립하는 거지요.

보고서는 보스의 마음에 꼭 들게 만들어놓고 실행은 나 몰라라 하는 무책임한 일 처리는 결코 윗분의 셈법으로 일하는 게 아닙니다. 임원을 뜻하는 'executive'의 어원은 'execute', 즉 '실행하다'입니다. 실행을 거듭하는 사람들이 바로 임원인 거지요. 모든 보고가 실행 가능해야 하는 이유입니다. 보고와 실행은 동전의 양면이라는 사실을 잊지 마세요.

말보다 실천이 중요하듯, 보고서도 문장 자체보다 실행 가능성이 중요합니다. 보고서에 쓰여진 계획대로 실행했을 때 원하는 결과가 나타나면, 그것이 바로 좋은 보고서임을 입증하는 것입니다. 빈말만 있고 실천은 따르지 않는 '공언무시(空言無施)'의 보고서가 되지 않도록 주의하세요.

'피리양추(皮裏陽秋)'라는 말이 있습니다. '피리'는 피부의 안, 즉 마음을 뜻하고 '양추'는 직접적으로는 공자가 지은 『춘추(春秋)』를 가리키지만 선악과 시비의 기준을 의미합니다. 풀이하면 드러내지 않아도 사람은 나름의 속셈과 분별력을 가지고 있다는 뜻입니다.

보스도 꽁꽁 감춰진 속마음을 가지고 있고, 그것을 알아내는 일은 결코 쉽지 않지요. 겉보기로는 알 수 없는 보스의 의중을 파악해서 따르는 것이야말로 가장 높은 수준의 '보스 전략'입니다.

실패해도 탈출구는 있다

전패위공(轉敗爲功)
실패가 오히려 공이 된다는 뜻으로,
실패를 성공의 거울로 삼으라는 의미.

일하다 보면 언제나 실적이 좋을 수만은 없지요. 성공보다 실패가 더 자주 찾아오는 게 회사원의 운명입니다. 그래서 실패라는 '결과' 보다 실패하는 '과정'이 더 중요한 겁니다. 어떻게 실패하느냐가 회사 생활의 생존을 가르는 열쇠가 되기 때문이지요. 한마디로 똑똑하게 실패할 줄 알아야 한다는 겁니다. 똑똑하게 실패하는 법, 그 핵심은 총합을 무조건 '플러스'로 만드는 겁니다.

'마른 수건' 작전으로
보스의 마음을 얻어라

——————————— 낮은 성과는 마이너스입니다. 결과적으로 플러스가 되려면 업무 이외의 다른 것을 플러스로 만들어야겠지요. 이를테면 새로운 기술을 습득해서 원하는 프로젝트에 지원할 자격을 갖춘다거나, '경험치'를 높여서 주도적으로 업무를 추진할 수 있는 실력을 쌓는다거나, 함께 고군분투한 사람들과 끈끈한 전우애를 나누며 미래의 지원군을 만드는 겁니다. 업무는 실패해도 나의 곳간에 전에 없던 새로운 것을 채우라는 말입니다.

그중에서도 반드시 채워 넣어야 할 것이 바로 상사의 신임입니다. 어차피 성과가 날아갔다면 윗사람의 마음이라도 얻어야 합니다. 일도 망치고 신임까지 잃는 것은 최악의 실패입니다. 더 많은 사람을 내 편으로 만들고, 특히 윗사람의 마음을 얻을 수 있도록 해야 합니다. 위기에서 가장 큰 힘이 되는 것은 윗사람의 신뢰와 지원이기 때문이지요.

업무는 실패해도 윗분에게 신뢰를 이끌어낼 수 있는 '꿀팁'! 그건 바로 마른 수건 작전입니다. 더 이상 물이 안 나올 것 같은 마른 수건을 마지막까지 쥐어짜듯이, 뭔가 안 풀리는 일일수록 더욱 열심히 달려들어야 합니다. 끝까지 성의를 보이고 각고의 노력을 펼쳐서 마지막 한 방울까지 짜내야 합니다.

상사들이 가장 싫어하는 것은 아직 결과도 안 나왔는데 지레 포기하거나 놔버리는 겁니다. 끝까지 최선을 다하면 '고생했다'는 말로 끝나지만, 이미 실패라고 생각하고 설렁설렁하면 모든 책임을 뒤집어쓸 수도 있습니다. 실패한 일은 누군가가 책임을 져야 하고, 가장 허술해 보이는 사람이 그 짐을 떠안기 마련이지요.

그래서 내공 있는 회사원들은 안 될 것 같은 일일수록 더 심혈을 기울입니다. 그래야 적어도 패씸죄는 피할 수 있기 때문이죠.

마무리만 잘해도
기회가 생긴다

───────────── 성과가 안 좋을수록 마무리가 중요합니다. 최후까지 끈을 잡는 모습을 보이되 멋진 후퇴를 준비해야 합니다. 조금이라도 성공의 가능성이 있을 때는 일에 집중해야 하지만, 이미 틀어진 뒤라면 윗분에게 배드 뉴스를 어떻게 알릴 것인지, 그간의 내 노력을 어떻게 어필할 것인지, 어떻게 하면 윗분을 포함해 주변 사람들에게 호감을 이끌어낼 수 있을지 고민하고 해결하는 데 집중해야 합니다.

특히 배드 뉴스는 절대 깜짝쇼로 알려서는 안 됩니다. 미리부터 조금씩 보고해서 윗분이 마음의 준비를 하도록 해야 합니다.

또한 일이 실패했다 해도 마지막 결과 보고서에는 그 과정에서 얻은 긍정적인 요소를 최대한 반영해야 합니다. 이때 조심해야 할 것이 있습니다. 시시비비는 가려야 하겠지만 자신의 과오를 감추기 위해 특정인의 이름을 거론하거나 주관적인 평가를 기록해선 안 됩니다. 부정적인 내용의 보고서일수록 최대한 객관성을 유지하면서 드라이한 문장으로 작성해야 합니다. 꼭 주관적인 견해를 밝히고 싶다면 보고서에 기록하는 대신 구두로 하세요. 개인적인 의견을 공식적인 보고서에 기록하면 상사는 나에 대한 편견이나 선입견을 가질 수 있습니다.

윗분들은 표현하지 않아도 일의 인과관계를 정확히 꿰뚫고 있습니다. 따라서 이번 일이 실패했다 해도 당신이 최선을 다했다면 나중에라도 보상을 해줍니다. 성공 가능성이 높은 프로젝트에 투입시킨다거나, 비슷한 프로젝트를 추진할 때 중책을 맡기는 식이지요. 그러니 마무리만 잘하면 당신은 새로운 기회를 만들 수 있습니다.

'전패위공(轉敗爲功)'이라는 말이 있습니다. 실패를 성공의 계기로 삼는다는 뜻입니다. 멋지게 실패해서 성공으로 탈출하는 것, 당신에게 가장 필요한 생존 노하우입니다.

성과가 좋을 때 정산을 잘하는 법

우각지가(牛角之歌)
소의 뿔을 두드리며 노래한다는 뜻으로,
남에게 자신의 존재를 알린다는 의미.

능력 있는 보스와 일하면 장단점이 있습니다. 많이 배우고 높은 성과가 보장되는 반면, 나의 존재감은 희미해집니다. 윗사람의 화려한 불빛에 나의 미미한 빛이 가려지는 것이지요. 특히 팀원이 많을수록 내가 어떤 역할을 했고 이번 성과에 어떤 기여를 했는지 어필하기가 쉽지 않습니다. 아마도 비슷한 고민을 가진 후배들이 많을 겁니다. 그래서 저만의 필살기를 알려드릴까 합니다. 그건 바로 '셀프 리포트'입니다.

'셀프 리포트'로
스스로를 어필하라

──────────── 보고서는 두 가지로 나뉩니다. 위에서 시켜서 타율적으로 쓰는 보고서와 내가 원해서 자율적으로 쓰는 보고서지요. 자율적인 보고서 중에서도 '셀프 리포트'는 전적으로 나의 성과를 어필하기 위한 것입니다. 정확히 내가 어떤 업무를 처리했고 어떤 성과를 냈는지 대놓고 보고하는 것이지요.

상사들은 보고서가 제출되면 검토해야 할 의무가 있습니다. '셀프 리포트'라도 필요한 내용이 있을까봐 검토할 수밖에 없지요. 따라서 이것이 윗분에게 나의 성과를 어필하는 효과적인 수단이 될 수 있는 겁니다.

하지만 그만큼 위험 부담이 큰 것도 사실입니다. 윗분의 성향에 따라 근거 없는 자화자찬으로 해석돼서 밉상으로 찍힐 수도 있으니까요. 그래서 셀프 리포트를 작성할 때는 두 가지를 조심해야 합니다. 첫째, 최대한 보고서 형식을 갖춰야 합니다. 경과보고나 후속 조치에 대한 아이디어인 것처럼 보이도록 하는 겁니다. 백서나 비망록처럼 작성하는 것도 방법입니다. 공적인 내용에 사적인 자랑을 교묘하게 편집하는 실력이 필요한 거죠.

둘째, 윗분에 대한 존경을 최대한 드러내야 합니다. '이번 프로젝트에 대해 제가 정리를 해봤는데 그때 이렇게 지시하신 덕분에 이런 성과를 낼 수 있었다'는 식으로 자기 자랑과 윗분에 대한 칭찬을 짬뽕하는 겁니다. 그래야 밉상 낙인을 피할 수 있습니다.

배드 보스에게 막혔다면
빅 보스를 공략하라

─────────────── 모든 보고서가 그렇듯이 셀프 리포트도 원하는 결과를 얻으려면 연습이 필요합니다. 많이 써봐야 잘 쓸 수 있습니다. 평소에 자신만의 업무 일기를 쓰면 도움이 되겠지요. 프로젝트가 끝날 때마다 육하원칙에 맞춰서 자기 성과를 정리하는 겁니다. 요즘에는 연말에 셀프 평가서를 제출하라는 회사가 많더군요. 평소 자기 성과를 보고서 형태로 기록해두면 도움이 될 겁니다. 이탈리아 소시지 살라미처럼 자신의 성과를 잘게 쪼개서 기록하는 습관은 평생 좋은 '업무 버릇'이 될 수 있습니다.

중이 제 머리 못 깎는다고, 많은 직장인이 자기가 잘한 일조차 제대로 자랑할 줄 모릅니다. 예전 같으면 겸손하다고 칭찬받을 일이지만, 요즘처럼 자기 PR도 실력으로 평가받는 시대에는 오히려 흠이 됩니다. 만약 윗분이 최근 일 년 동안 가장 잘한 일을 묻는다면 당신은 어떻게 대답할 건가요? 모범 답안은 즉각 세 가지 성과를 대며 그 이유에 대해 각각 10분씩 설명하는 30분 보고입니다. 바로 답할 수 없다면 당신은 차려놓은 밥상도 못 찾아먹는 꼴입니다.

셀프 리포트는 배드 보스를 만났을 때 그 효과가 배가됩니다. 배드 보스에게는 정공법이 안 통합니다. 길목을 지키고 있다가 남의 성과를 가로채기 일쑤이기에 당신은 일을 잘하고도 저성과자가 될 수 있습니다. 그래서 배드 보스에겐 '똘기'로 무장한 변칙 플레이가 필요합니다. 그중 하나가 배드 보스의 윗분에게 셀프 리포트를 제출하는 겁니다. 윗분의 윗분에게 내 성과를 직접 알리는 거지요.

엄청난 '똘기'가 필요한 일이지만 그 효과는 생각보다 큽니다. 공을 가로채는 보스가 가장 싫어하는 것이 아랫사람의 성과가 널리 알려지는 겁니다. 모든 상황을 자기 편한 대로 독점하고 통제하고 싶은데 진실이 알려지면 주도권을 빼앗기게 되니까요. 그 허점을 공략해야 합니다. 기 눌리지 말고 누구나 나의 성과를 알 수 있도록 셀프 리포트라는 애드벌룬을 띄우는 거지요. 아무리 배짱 두둑한 배드 보스라도 대놓고 진실을 알리는 '똘기'는 통제를 못하는 법입니다.

'우각지가(牛角之歌)'라는 말이 있습니다. 소의 뿔을 두드리며 노래했다는 고사에서 유래한 말로, 남에게 자신을 알리는 것을 뜻합니다. 자신의 성과를 알리는 것은 결코 나쁜 일이 아닙니다. 말하지 않으면 누구도 나의 성과를 알아주지 않습니다. 겸손의 미덕보다는 셀프 홍보가 위기에서 나를 구해준다는 사실을 잊어서는 안 될 것입니다.

회사에 투명인간이 있다?

화광동진(和光同塵)
빛을 부드럽게 하여 속세의 티끌과 함께한다는 뜻으로,
자신의 지덕과 재기를 감춰 속세와 어울린다는 의미.

존재감. 아마 직장인들의 뇌 구조를 그려보면 한구석을 차지하고
있는 단어 중 하나일 겁니다. 여럿이 함께 일하는 직장에서 나라는
존재를 어떻게 어필할 것인가, 아니 어떻게 하면 묻히지라도 않을
까 늘 은근히 고민이 되죠.

실제로 많은 후배가 윗분을 대할 때 내 존재감을 어떻게 드러내
야 할지 모르겠다는 말을 자주 합니다. 섣불리 나섰다가 '나댄다'는
인상만 줄까봐 걱정인 거죠. 윗분 앞에서 대놓고 자화자찬하다가
밉상에 눈치 없는 인간으로 찍히는 경우도 심심치 않게 있으니까
요. 그렇다면 도대체 어떻게 해야 할까요?

저는 다음의 네 가지 방법을 '강추'합니다.

미친 존재감 만들기
"나의 부재를 알리지 말라"

──────────── 첫째, 존재감을 알리기 전에 일단 존재하는 것이 먼저입니다. 있을 자리에 꼭 있으라는 겁니다. 윗분이 나를 찾게 해서 나의 '부재'를 각인시켜서는 절대 안 됩니다. 자주 자리를 비운다거나 전화를 즉시 안 받으면 이는 부재를 알리는 거예요. 특히 윗분은 전화에도 상당히 예민합니다. '내 전화보다 더 중요한 전화가 어딨냐'는 게 그들의 기본 마인드거든요.

'웃픈' 얘기지만 제가 대외 업무를 담당하던 시절에는 화장실에 갈 때마다 항공사 콜 센터에 전화를 했습니다. 윗분을 포함해서 많은 사람이 찾는 대외 업무 담당자였던 제가 마음 편히 볼일을 보려면 그렇게라도 해야 했습니다. 잘못하면 자리를 자주 비우는 사람으로 오해받을 수 있어서 통화 중인 척 꼼수를 쓴 것이죠. 하지만 불가피하게 꽤 긴 시간 자리를 비워야 하면 그런 꼼수는 안 됩니다. 윗분에게 미리 알리는 것이 좋습니다.

두 번째는 '눈도장'을 제대로 찍는 겁니다. 여럿이 모이는 행사에서 머릿수 채운다는 생각으로 영혼 없이 서 있는 회사원이 참 많습니다. 그까짓 눈도장이 뭐 대수냐고 생각하는 거겠죠. 하지만 22년 직장 경험으로 보면 아이 콘택트만큼 중요한 게 없어요. 존재감을 확 드러내지는 못해도 '쟤도 있었지'라는 각인 효과가 있기 때문이죠. 그런 작은 존재감들이 쌓여야 비로소 윗분들의 머릿속에 뚜렷이 얼굴도장을 새길 수 있는 겁니다.

그래서 고수늘이 항상 차 뒷문 옆에 서 있는 겁니다. 차 뒷문을 열어줄 때 윗분은 자연히 열어준 사람의 얼굴을 보게 돼 있거든요. 그럴 때 눈도장 한 번 제대로 찍는 거죠. 눈도장은 여러 번 찍을 필요가 없어요. 마주쳤을 때 제대로 악수를 한다든지 등산 행사 때 옆에서 막걸리 한 잔 따라드린다든지 하는 식으로, 아이 콘택트를 한 번만 제대로 해도 성공입니다.

"그 어려운 일을
제가 해내지 말입니다"

———————————— 세 번째는 대화로 어필하는 방법입니다. 일명 'A-B-A 기법'이라고 하는데, 일단 말의 서두는 무조건 윗분에 대한 좋은 얘기로 시작합니다.

"제가 이번에 부장님을 모시고 거래처를 갔는데 부장님이 직접 가시니까 그쪽에서도 긴장하는 눈치였고 분위기가 좋았습니다."

그다음 B 부분에서 본격적인 '내 얘기'가 나오기 시작합니다.

"그런데 비용 얘기가 나오니까 그쪽에서 갑자기 딴소리를 하면서 우리 쪽에 책임을 미루기에 제가 준비해 간 문서로 따박따박 따졌습니다. 그러니까 아무 말도 못하더라고요."

그리고 마무리인 A에서 다시 윗분에게 영광을 돌리면 끝.

"마침 부장님께서도 제 말에 힘을 실어주셔서 이번 협상도 성공적으로 잘 끝났습니다."

이런 식으로 듣는 사람이 저게 자랑인지 에피소드인지 약간 헷갈릴 정도면 성공입니다. 원래 사람들은 누가 자기 보스에 대한 칭찬을 하면 절반만 듣게 돼 있습니다. 모시는 윗분이니까 그러려니 하는 거죠. 반면 누가 자기 자랑을 하면 두 배로 듣죠. 그러니까 윗분 얘기는 두 배로, 내 얘기는 반만 해야 비율이 맞습니다. 또한 이 기법은 윗사람에 대한 충성심을 내비치면서 자기 존재감도 어필할 수 있으니 일석이조라 할 수 있죠.

네 번째, 이메일의 참조 기능을 적극 활용하는 겁니다. 거래처에서 '덕분에 일을 성공적으로 마무리했다'는 감사의 메일이 오면 주요 윗분들에게 참조를 걸어서 같이 열람하게 하는 것이죠. 마치 경과보고를 하는 것처럼 은근슬쩍 내 존재감을 어필할 수 있는 소소하지만 괜찮은 방법입니다. 이처럼 존재감을 어필하고 싶다면 나의 사적인 얘기를 회사의 공적인 것으로 녹이는 스킬을 연구해보세요.

마지막으로, 단번에 메인 요리가 되려 하지 말고 처음에는 양념에 아주 조금 들어가는 청양고추 정도가 되는 것에 만족하세요. 그 정도라도 당신의 존재감을 윗분들은 충분히 알아차립니다.

노자의 『도덕경(道德經)』에서 유래한 '화광동진(和光同塵)'이라는 말이 있습니다. 참으로 아는 사람은 자신의 지덕과 재기를 감추고 속세와 어울린다는 의미로, 실속 없는 말이나 얕은 지식을 드러내기 좋아하는 사람을 경계한다는 뜻입니다. 욕심을 버리고 자신의 존재감을 매번 조금씩 어필해보세요. 그러다 보면 어느새 당신은 회사에서 '없으면 안 될' 빛나는 존재가 돼 있을 겁니다.

보스의 평가를 바꾸는 '10분' 레시피

자강불식(自强不息)
쉬지 않고 스스로 힘쓴다는 뜻으로,
목표를 위해 게으름 없이 최선을 다한다는 의미.

인터넷 검색창에 '10분'이라는 단어를 입력하면 정말 다양한 정보들이 뜹니다. '10분 스트레칭', '10분 아빠 놀이', '10분 요리', '10분 재테크', '10분 헤어스타일', '10분 태교', '10분 영어 회화'……. 짧다면 짧은 10분이라는 시간 동안 이렇게나 많은 일을 할 수 있다니, 새삼 놀랍더군요. 직장인에게 요긴한 '10분' 노하우도 있습니다. 바로 '보스를 위한 10분 준비'입니다.

회사에서 상사와 함께하는 업무는 크게 두 가지입니다. 보고와 출장이죠. 지근거리에서 윗분에게 눈도장도 찍고 점수도 딸 수 있는 거의 유일한 기회라고 할 수 있습니다. 그런데 생각보다 많은 직장인이 그런 기회를 가볍게 여기는 것 같습니다. 보고할 땐 보고서만 달랑 내고, 윗분과 출장 가선 옆자리에 우두커니 앉아만 있으면서 보스 마일리지를 적립할 귀한 기회를 날려버리고 있으니 말입니다.

하지만 걱정 붙들어 매세요. 단 10분 만에 윗사람의 마음을 요리할 수 있는 비장의 10분 레시피를 지금부터 알려드릴 거니까요.

딱 10분만
자신에게 양보하세요

—————————————— 첫 번째 레시피는 단정하고 깔끔한 이미지를 연출하는 겁니다.

보스들이 보고받을 때 가장 큰 스트레스가 뭔지 아십니까? 버벅대는 말투도 아니고, 괴발개발 보고서도 아니고, 의외로 지저분한 스타일입니다.

아랫사람이 방문을 열고 들어오는 동시에 담배 냄새가 훅 끼치면 기분이 썩 좋지 않겠지요. 짜장면 먹었다고 광고하듯이 넥타이며 셔츠에 검은 점들이 잔뜩 묻어 있고, 양치질도 안 했는지 방 안 가득 입 냄새가 진동하면 저라도 보고서 내용이 눈에 안 들어올 것 같습니다. 바지 밖으로 삐져나온 셔츠와 뒤집혀진 셔츠 깃, 눈에 낀 눈곱과 삐져나온 코털, 말할 때마다 보이는 이 사이에 낀 고춧가루는 정말이지 비위가 거슬려서 못 봐줄 정도입니다. 짝짝이 면

도나 얼룩진 안경알을 보면 사람이 참 게을러 보이죠. 보고하러 오
는데 바지 지퍼가 열려 있거나 구두끈이 풀려 있다면 일도 저렇게
허술하게 할 것 같다는 생각이 절로 듭니다.

어쩌다 한두 번 실수라고 억울해하겠지만, 윗사람은 옷매무새만
봐도 업무 스타일을 간파합니다. 정리 정돈을 잘하는지 못하는지,
일을 꼼꼼하게 하는지 대충 하는지, 부지런한지 게으른지, 보고 때
모습만 봐도 한눈에 알아챕니다. 결과는 빤하지요. 하나를 보면 열
을 안다고, 옷매무새도 제대로 못 챙기는 기본이 안 된 직원에게
중책을 맡길 수는 없습니다. 단정하지 못한 모습 때문에 보스에게
신뢰 점수를 모두 잃어버리는 거지요.

패셔니스타가 되라는 게 아닙니다. 비싼 옷을 사 입으라는 것도
아니죠. 그저 옷매무새를 단정하게 하고, 눈에 보이는 것들을 청
결하게 관리하라는 겁니다. 큰돈 안 들이고 큰 노력 안 들여도 딱
10분만 거울 앞에 서서 옷매무새를 다듬으면 됩니다. 단정하고 깔
끔한 모습을 유지하는 것만으로도 상사의 호감을 얻어낼 수 있습
니다.

하루 종일 업무에 치이다 보면 뭔가가 붙거나 끼기 마련입니다.
책상 위에 거울을 두고 수시로 청결 상태를 확인하는 것이 좋겠지
요. 평소 정리하는 습관을 들이는 것도 필수입니다. 단정하고 깔끔
한 사람의 특징은 수시로 자기 주변을 점검한다는 겁니다. 뭐든지
정리하는 습관을 들이면 불필요한 물건들을 버리게 되고, 새로운

것들을 계속 채우게 되지요. 부족한 것을 알게 되고 더 좋게 바꾸려고 노력하기 마련입니다.

그러니 이제부터 윗분에게 보고하러 가기 전 딱 10분만 자신에게 투자해보세요. 윗분의 눈빛이 확 달라질 겁니다.

"혹시 몰라서…"
플랜 B의 기적

——————————— 두 번째 레시피는 돌발 상황에 맞설 플랜 B를 준비하는 겁니다.

한번은 회장님을 모시고 지방 공장을 방문한 적이 있습니다. 회장님이 직원들을 모아놓고 인사말을 하려는데 갑자기 비서들이 분주하게 움직이더군요. 알고 보니 연설문 원고를 아무도 챙기지 않았던 겁니다. 그 순간 공장 전무가 후다닥 뛰어오더니 양복 안주머니에서 종이 한 장을 꺼내서 주더군요. 혹시 몰라 챙겨둔 연설문 원고였습니다. 그분이 아니었다면 어떤 불호령이 떨어졌을지 지금 생각해도 아찔합니다.

윗분을 모시고 출장을 다니다 보면 돌발 상황에 직면하곤 합니다. 국도로 장거리 출장을 나섰는데 윗분은 목이 마르다고 하고, 그런데 한참을 달려도 슈퍼는 보이지 않을 때 참 난감하지요. 중요한 계약 때문에 부산으로 출장을 가는데 갑자기 비행기 결항으로 발이 묶이면 애간장이 탑니다. 해외 출장을 갔는데 준비해 간 프레젠테이션 파일이 열리지 않으면 눈앞이 캄캄해집니다.

상사도 어떻게 해야 할지 발을 동동 구르는 그때, 미리 준비한 플랜 B를 꺼내는 겁니다.

"혹시 몰라서 생수병을 챙겼는데 지금 드시겠습니까?"

목이 타들어가던 상사는 당신의 준비성에 감탄하게 될 겁니다.

"혹시 결항될지 몰라서 KTX 티켓도 예매를 해뒀습니다. 역으로 이동하시죠."

계약이 어그러질까 걱정하던 윗분의 얼굴에 미소가 가득 번지겠지요.

"혹시 몰라서 파일을 하나 더 복사해 왔습니다. 지금 연결할까요?"

해외 바이어들 앞에서 얼굴이 하얗게 질려가던 윗분은 안도의 한숨을 내쉬게 될 겁니다.

우발적인 상황에 대비해 플랜 B를 준비한 직원을 사랑하지 않을 윗분이 어디 있을까요? 꼼꼼하고 디테일한 준비성, 안 해도 될 것 같은 일까지 미리 준비하는 센스, 이런 직원이 있다면 평생 함께 일하고 싶을 겁니다. 출장 전 10분 투자로 준비한 플랜 B 하나가 상사를 내 편으로 만드는 강력한 무기가 되는 거지요.

'자강불식(自强不息)'이라는 말이 있습니다. 강해지기 위해 스스로 쉼 없이 노력한다는 뜻입니다. 하늘은 스스로 노력하는 자를 돕는다는 말처럼 윗분도 스스로를 돕는 후배를 도와줍니다. 윗분을 나의 든든한 지원군으로 만들려면 우선 내가 나를 도와야 합니다.

수시로 옷매무새를 다듬어서 단정한 모습을 연출하고, 평소 정리하는 습관을 들여서 디테일을 챙기고, 돌발 상황에 대비해 플랜 B를 준비하는 것. 윗분에게 잘 보이기 위한 일이기도 하지만, 엄밀히 말하면 나의 업무 성과를 높이기 위한 투자입니다. 내가 맡은 일을 성실하게 해내면 결과적으로 윗분도 나를 돕는 조력자가 되어주는 것이지요.

보스를 내 편으로 만들기 위한 10분 레시피, 업무 성과도 높이고 윗분도 내 편으로 만드는 일거양득 플랜입니다.

보스가 좋아하는 말과 싫어하는 말

치망설존(齒亡舌存)
단단한 이는 빠져도 부드러운 혀는 남는다는 뜻으로,
강한 자는 망하기 쉽고 유연한 자는 오래간다는 의미.

모든 윗분은 호불호가 명확합니다. 좋아하는 말과 싫어하는 말도 분명하지요. 윗분에게 괜히 밉보이고 싶지 않다면 윗분이 싫어하는 말 세 가지 정도는 꼭 기억해야 합니다.

윗분이 싫어하는 첫 번째 말은 '침묵'입니다. 회사에서 아랫사람의 침묵은 윗분의 의견에 동의하지 않는다는 것을 뜻합니다. 윗분이 "자네 생각은 어떤가?"라고 물었는데 말없이 가만히 있으면 무언의 반항과 같은 겁니다. 그다음부터 윗분도 입을 닫아버립니다. 대화의 단절은 곧 윗분과 나의 단절을 의미하지요. 직장인에게 침묵은 금이 아니라 독이 되는 것입니다.

그다음으로 윗분이 싫어하는 말은 바로 "검토하겠습니다"입니다. 아마 이 대목에서 고개를 갸웃거리는 사람이 많을 겁니다. 직장인들이 하루에도 수없이 내뱉는 말이니까요. 물론 무조건은 아니고요, 몇 가지 전제 조건이 있습니다. 이미 처리한 줄 알고 결과를 물었는데 "검토 중입니다"라고 답하거나, 지시한 지 꽤 시간이 흘렀는데 "다시 알아보겠습니다"라고 말하면 윗분은 당황합니다. 그 말은 곧 아직까지 검토하지 않았고 알아보지 않았다는 걸 뜻하니까요. 성격 급한 윗분이라면 바로 불호령이 떨어질 일입니다. 곧바로 그 직원에 대한 신뢰가 바닥으로 떨어지는 것은 당연한 결과겠지요.

마지막으로 윗분이 싫어하는 말은 끝까지 양보 안 하는 말입니다. "그게 아니라요, 지난번에 그렇게 지시하셨잖아요. 그럼 지금이라도 방향을 수정할까요?" 이렇게 꼬박꼬박 말대답하는 직원이 곱게 보일 리 없지요. 설사 잘못된 지시를 했더라도 그걸 대놓고 따지는 아랫사람은 건방져 보일 뿐입니다.

사소한 리액션이
카메라에 잡힌다

─────────────── 그럼 윗분이 가장 좋아하는 말은 무엇일까요? 어떤 지시를 했을 때 바로 이렇게 나오는 대답입니다.

"무슨 말씀인지 잘 알겠습니다."

낫 놓고 기역 자도 모르는 직원이 수두룩한데, 콩떡같이 말해도 찰떡같이 알아듣는 직원이 나타나면 얼마나 기분이 좋겠습니까. 자신을 존경의 눈빛으로 바라보면서 고개를 끄덕이거나 성의 있게 메모까지 하면 예뻐할 수밖에 없지요.

"저는 이렇게 이해했는데 맞는 건가요?"

이렇게 되묻는 말도 윗분들은 좋아합니다. 설사 못 알아들었더라도 최소한 자기 지시를 이해하려는 노력을 하고 있다는 거니까요.

그렇다고 거짓말은 금물입니다. 윗분은 아랫사람의 리액션만 봐도 지시 내용을 정확히 이해했는지 단번에 꿰뚫어 봅니다. 윗분의 눈을 엑스레이라고 생각하면 거의 맞을 겁니다. 표정을 뚫고 생각을 읽어내는 능력이 탁월하거든요. 그 이유는 아랫사람의 이해력이 곧 실행력이고 일의 성과를 결정하기 때문입니다. 지시받는 단계부터 눈빛이 흔들리고 표정이 희미하면 결과도 애매해진다는 걸 윗분들은 숱한 경험으로 터득하고 있습니다.

지시의 핵심을 이해한 사람은 눈빛부터 다릅니다. 표정에서부터 흥미가 보이고 질문도 꽤나 구체적이죠. 사소한 리액션에도 영혼이 담겨 있습니다.

반면에 이해력이 떨어질수록 질문도 줄어들기 마련입니다. 이런 경우는 어떨까요?

"더 궁금한 건 없나?"

"네, 현재로서는 없습니다."

아무런 문제가 없어 보이지만, 이렇게 답하면 십중팔구 성과는 절반 이하로 떨어집니다. 아는 만큼 보인다고, 알고 싶은 것이 없으면 해낼 수 있는 일도 적을 수밖에 없거든요.

윗분이 좋아하는 또 하나의 말은 "열심히 해보겠습니다"입니다. 특히 어렵고 까다로운 지시일수록 '열심히'라는 답변이 나오면 윗분의 '좋아요' 개수는 눈에 띄게 늘어납니다. 그만큼 일에 대한 몰입과 열정이 크다는 걸 뜻하기 때문입니다.

하수들은 어려운 지시를 받으면 고개를 갸우뚱합니다. 누구나 할 수 있는 쉬운 지시에만 자신감을 보이죠. 하지만 꽃놀이패만 골라잡다가는 허드렛일 전담반으로 전락하기 십상입니다. 쉬운 업무로 높은 성과를 내고 생색내는 건 그래서 '누워서 침 뱉기'인 겁니다. 앞으로도 쉬운 업무 처리반을 시켜달라는 말이나 마찬가지니까요.

반면 내공 있는 직원은 잘 안 풀릴 것 같은 일일수록 '열심히'라는 말을 강조합니다. 북극에 가서 냉장고 팔고 오라는 말도 안 되는 미션에도 "열심히 해보겠습니다"라고 결연한 의지를 보이죠. 만약 이런 직원이 당신의 아랫사람이라면 어떨까요? 설사 결과가 나빠도 도무지 미워할 수 없을 겁니다. 말 한마디로 보스 마일리지를 몇 배쯤 쌓게 되는 겁니다.

말이 나온 김에 보스 마일리지를 제대로 깎아먹는 멘트를 알려드리죠.

"제 공을 절대 잊으시면 안 됩니다."

"안될 것 같아요."

"팀장님은 왜 이런 일을 저한테 시키셔서……."

이런 말들은 일 시킨 사람을 무안하게 만듭니다.

윗분은 후진을 싫어합니다. 언제나 앞만 보고 전진하도록 훈련을 해왔죠. 그런데 아랫사람이 저런 힘 쭉 빠지게 하는 말을 던지면 '처음부터 애한테 이 일을 맡기면 안 되는 거였구나', '다음부터 애한테는 중요한 일을 시키면 안 되겠구나'라는 생각을 하게 되겠죠. 점수를 잃는 것은 물론이고 나를 선택한 윗분을 후회하게 만드는 저런 말을 절대 해서는 안 됩니다.

긍정의 말이 가져오는
마음의 평화

──────────── 그다음으로 윗분이 좋아하는 말은 열정과 몰입을 보여주는 말입니다.

"이번에 좋은 공부했습니다."

"비록 성과는 못 냈지만 팀장님 덕분에 많이 배웠습니다."

어렵고 까다로운 지시여서 노력한 만큼 성과가 안 나왔는데도 윗분에게 감사를 전하면 미안함이 더해져서 보스 마일리지가 왕창 쌓이게 됩니다.

윗분은 아랫사람에게 어려운 일을 맡기면 불안하면서도 미안한 마음이 듭니다. 혼자 야근하고 주말에도 출근하는 직원에게 마음이 쓰일 수밖에 없습니다. 그럴 때 오히려 감사하다고 말하면 얼마나 예쁘게 보일까요. "덕분에 많이 배웠습니다", 이 한마디는 천하무적입니다. "성과도 못 내는 일을 맡겼는데 배울 게 뭐가 있었어?" 이렇게 되묻는 윗분은 단 한 명도 없을 겁니다.

마지막으로 모든 윗분에게 만능으로 먹히는 멘트를 알려드리죠. 바로 다음과 같은 멘트입니다!

"마지막까지 꼼꼼하게 챙기겠습니다."

"일정에 차질 없이 진행하겠습니다."

"가능성은 낮지만 그래도 최대한 방법을 찾아보겠습니다."

"문제가 있을 때마다 보고드리고 개선 방안을 강구하겠습니다."

윗분에게 마음의 평화를 안겨주는 이런 멘트는 수없이 많습니다.

될 일은 '네'라고 답하고 안 될 일은 '아니오'라고 답하는 것처럼 어리석은 행동도 없을 겁니다. 어려운 일일수록 결과보다 과정이 중요하고, 일을 추진하는 과정에서 윗분과 나누는 대화가 곧 마일리지로 쌓이는 법이니까요. 어렵고 귀찮고 잘해도 성과가 드러나지 않는 일일수록 '저요!'를 외쳐야 하는 건 그래서입니다.

윗분이 바라는 건 매번 높은 성과가 아닙니다. 어차피 실적이 바닥일 일은 윗분도 이미 알고 있습니다. 그래도 해야 하는 일에 최선을 다한다면, 실적과 관계없이 윗분은 당신에게 후한 점수를 줍니다. 결국 윗분이 좋아하는 말은 특정 단어가 아니라, 일에 대한 열정과 태도가 반영된 말입니다. '치망설존(齒亡舌存)'이라는 말처럼, 상사에게 부드럽고 유연한 사람이 오래가는 법입니다.

가끔은 윗분께 칭찬도 해드리세요. 눈 딱 감고 윗분에게 립 서비스를 하는 겁니다. 윗분은 겉으로는 손사래를 쳐도 속으론 흐뭇한 미소를 지을 겁니다. 사실 모든 윗분은 칭찬을 좋아하니까요. 내색을 못할 뿐이죠. "나를 칭찬하지 말라"고 했던 나폴레옹조차 "저는 칭찬을 싫어하는 장군님의 성품을 존경합니다"라는 부하의 칭찬에 흐뭇해했다고 합니다.

당신이 지금까지 윗분에게 가장 많이 한 말은 무엇인가요? 혹시 자신도 모르게 윗분이 싫어하는 말만 골라서 하고 있었던 건 아니겠지요? 만약 그렇다면 지금이라도 윗분이 좋아하는 만능 문장들을 적극 활용해서 윗분의 마음을 사로잡아보세요. 말 한마디가 천 냥 빚을 갚는 법입니다.

상무님께 직언을 해도 될까요?

군유소불격(軍有所不擊)
공격하면 안 되는 곳이 있다는 뜻으로,
건드려서는 안 되는 상대의 부분이 있다는 의미.

예로부터 임금에게 직언하는 사람을 충신이라고 불렀지요. 임금이 자신의 허물을 바로잡도록 듣기 거북한 이야기라도 가감 없이 전하는 것이 충신의 자세라고 우리는 배웠습니다.

하지만 현실은 많이 다릅니다. 몸에 이로운 약이라는 확신이 들어야 쓴 약을 삼키는 법입니다. 아직 믿지 않는 사람이 하는 쓴소리는 그저 쓴소리로만 들리지요. 따라서 윗분에게 전폭적인 신뢰를 받는 것이 아니라면 직언은 안 하는 게 차라리 낫습니다.

중국 법가의 고전인 『한비자(韓非子)』에도 비슷한 이야기가 나옵니다. 한마디로 요약하면 괜한 충언으로 군주의 심기를 건드리지 말고 칭찬하는 말로 잘 달래라는 겁니다. 직언보단 아부가 낫다는 거지요. 이유는 간단합니다. 현명한 군주가 아니면 귀에 거슬리는 충언을 바로 듣지 못하기 때문입니다. 어리석은 군주에게 충언하는 것은 죽임을 당하는 지름길이라는 거지요.

충언은 신뢰받는 직원의
특권이다

——————————— 요즘 세상도 크게 다르지 않습니다. 보스에게 직언하는 직원을 찾아보기 힘든 것은 어차피 바른말을 해봤자 통하지도 않고, 괜히 밉보여서 내쫓길 게 뻔하기 때문입니다. 차라리 눈감고 귀 막고 입 닫고 조용히 자리나 지키는 것이 훨씬 현명하다는 거지요.

'충언역이(忠言逆耳)'라는 말처럼 충언은 윗사람 귀에 거슬리는 법입니다. 윗사람이 아랫사람의 뾰족한 말을 곧이곧대로 받아들이려면 엄청난 신뢰가 필요하죠. 그러니까 만약 보스에게 직언을 하고 싶다면 보스의 신뢰부터 얻어야 합니다. 아직 보스 마일리지가 충분하지 않다면 침묵이 정답이죠. 충언은 신뢰받는 직원만의 특권이니까요.

하지만 신뢰가 다소 떨어지는 아랫사람의 직언이 통할 때가 있습니다. 바로 위기의 순간이죠. 그때는 윗사람도 위기를 넘기기 위해 귀를 열게 되고, 직언을 한 당사자에게 중요한 일을 맡기기도 합니다.

이렇게 직언이 통할 만한 굿 타이밍을 알아내는 것은 쉬운 일이 아닙니다. 특히 감이 있어야 하는데 감이라는 것이 머리로 배울 수 있는 게 아니지요. 따라서 다음 두 가지 말을 떠올리며 신중을 기해야 합니다. 우선 '감언지지(敢言之地)', 즉 내가 거리낌 없이 말할 만한 처지나 자리인지 판단해야 합니다. 다음으로 '군유소불격(軍有所不擊)', 즉 내 직언이 공격하면 안 되는 곳을 공격하는 꼴이 아닌지 생각해봐야 합니다. 자칫 윗분의 트라우마나 아킬레스건을 건드리는 내용을 직언하게 되면 큰 화를 불러올 수 있으니 각별히 유의해야 합니다.

직언과 대안은
세트 메뉴다

──────────────── 윗사람이 직언을 싫어하는 또 하나의 이유가 있습니다. 아랫사람이 윗사람에게 직언할 땐 자기 힘으로 해결할 수 없는 일이거나, 막대한 자원이 소요되는 일이거나, 프로젝트 중단처럼 큰 손해가 따르는 판단을 요구하는 일이 대부분입니다. 그래서 많은 윗사람이 직언하는 아랫사람에게 되묻는 겁니다. 그럼 네가 생각하는 해결책은 무엇이냐고.

그럴 때 우리의 대답은 어때야 할까요? 꿀팁 하나를 드리면 직언과 대안은 항상 세트라는 겁니다.

제가 오래전 MBC에서 예능 구성 작가로 일할 때 회의마다 눈치 없는 이야기를 참 많이 했습니다. 이를테면 '이번 주는 헬기를 띄우고, 다음 주에는 마이클 잭슨을 부르자'는 식이었죠. 방송국 건물을 팔아치우면 모를까 제작비 문제상 실현 가능성이 없는 이야기를 신선한 아이디이라며 떠들었던 거죠. 그때 저도 모르는 사이에 점수를 참 많이 잃었을 겁니다.

직언을 할 때는 항상 실현 가능한 솔루션도 함께 제시해야 합니다. 자금 조달이 필요하다면 돈을 구할 방법도 제시해야 하고, 프로젝트를 접어야 한다면 손실을 최소화할 수 있는 방안도 제시할 수 있어야 합니다. 가장 나쁜 직언은 상사에게 고민과 갈등만 던지고 자신은 쏙 빠져나가는 겁니다. 대안 없이 문제만 지적하는 직언은 윗분에게 무책임한 비난을 하는 것이나 다를 바가 없습니다. 따라서 직언을 하기에 앞서 직언이 꼭 필요한 이유를 여러 각도로 다시 생각해보고, 상사를 논리적으로 설득할 만한 대안도 마련해야 합니다.

중국 전국시대 말기의 사상가 한비는 군주의 통치 수단은 신하들이 자신이 한 말을 반드시 책임지게 하는 것이라고 강조한 바 있습니다. 의견을 내면서 말의 시작과 끝이 없고 사실에 대한 확증도 없다면 그 발언에 대한 책임을 지도록 해야 한다는 겁니다. 그래야 이치에 맞지 않는 말을 남발하지 않게 될 테니까요.

윗사람의 의중을 헤아려 윗사람이 탐탁해할 만한 대안까지 곁들인 직언이야말로 가치 있게 쓰일 수 있습니다. 직언에는 반드시 책임이 따른다는 것을 명심하길 바랍니다.

PART 4

BOSS MILEAGE:
긴 승부의 시작, 지금 당장 실행하라

눈치 보며 아부 떠는 건 딱 질색!

난 위트 있게 배려하고 감각적으로 소통한다.

진짜 성공하는 건 나 하기에 달렸다.

이제부터는 마이 스타일, 실전에서 만나자!

보스의 인사 계좌에 '마음의 가산점'을 적립하라

선례후학(先禮後學)
먼저 예의를 배우고 나중에 학문을 배우라는 뜻으로,
실력보다 예의가 우선이라는 의미.

회사 생활을 하다 보면 실수나 실패를 안 할 수 없지요. 이런저런 시행착오를 겪으면서 점차 실력을 쌓아가는 것이 직장 생활의 묘미이기도 합니다. 하지만 구조조정 시기에는 얘기가 달라집니다. 실수가 곧 아웃(해고)으로 이어질 수도 있기 때문이죠.

그래도 방법은 있습니다. 모든 보스는 인사를 관리하는 계좌를 따로 둡니다. 평소에 보스의 계좌에 부지런히 호감 마일리지를 쌓는 겁니다. 암에 걸릴 것을 대비해 보험을 들어놓는 것처럼, 언제 닥칠지 모를 위기 상황에 대비해 '보스 마일리지'를 깨알같이 적립하는 거지요.

보스의 인사 계좌에 잔고가 많으면 어려울 때 큰 힘이 됩니다.

실수를 하더라도 '그동안 열심히 했고 잘하려다 그런 건데 이번에는 '넘어가주자' 하고 구제를 받을 수 있습니다. 구조조정처럼 절체절명의 순간에는 더할 나위 없이 든든한 '백(back)'이 되어줍니다. 윗분이 앞장서서 얘는 자르면 안 된다고 힘을 써주는 거죠. 호감 마일리지가 많을수록 윗분을 나의 '스트롱 서포터'로 만들 수 있는 겁니다.

그런데 잔고가 텅텅 비어 있으면 어떨까요. 가뜩이나 성과도 없는데 사고까지 내면 바로 아웃당하기 십상입니다. 특히 구조조정 시기에는 전액 인출을 해도 살아남을까 말까인데, 잔고가 아슬아슬한 사람은 단 한 번 실수에 그대로 사라질 수 있어요. 그러니까 절대 방심하지 말고 평소에 깨알같이 보스 마일리지를 쌓아야 합니다. 윗분의 뇌 주름 사이사이에 나라는 사람이 콕 박혀서 결정적 순간에 힘을 발휘할 수 있도록 개미처럼 부지런히 쌓아야 해요. 그래야 삼진 아웃의 칼날을 비껴갈 수 있습니다.

싹수가 없으면
재기도 없다

──────────── 보스의 인사 계좌에 마일리지를 쌓으려면 어떻게 해야 할까요? 일단 마일리지가 적립되는 법칙부터 알아야 합니다.

학교는 모든 것을 성적으로 평가합니다. 아무리 성격 좋고 재능이 많아도 성적이 나쁘면 좋은 평가를 받을 수 없지요. 하지만 회사는 다릅니다. 아무리 좋은 대학을 나오고 스펙이 뛰어나도 그것이 성과로 이어지지 못하면 아무런 소용이 없습니다. 회사가 바라는 스펙, 회사가 원하는 지식, 윗분이 필요로 하는 재능을 발휘할 때 비로소 점수를 얻게 됩니다. 학교와 회사는 채점과 득점의 법칙이 전혀 다른 겁니다. 이걸 모르면 학교 우등생이 사회에선 열등생으로 전락하고 마는 것이지요.

회사의 인사 평가에는 보스들만 아는 '마음의 가산점'이라는 것이 있습니다. 가점과 감점을 가르는 기준은 아주 단순하죠. 이를테면 실적은 별로지만 평소 태도가 좋고 친화력이 좋은 직원은 점수를 슬며시 올려줍니다. 반대로 성과는 그럭저럭 괜찮은데 태도가 불량하고 싸가지가 없는 직원은 점수를 왕창 깎아버립니다. 한마디로 상사 마음에 들면 후한 점수를 받고, 밉보이면 실적으로 받은 점수까지 잃어버릴 수 있다는 겁니다.

직장인에게 가장 중요한 것은 당연히 높은 실적을 내는 것입니다. 하지만 결정적인 순간에는 윗분의 마음속 평가가 결론을 뒤바꿀 수 있습니다. 일을 잘하는 것도 물론 중요하지만, 요즘 같은 저성장 시대에는 칼자루를 쥔 윗분에게 어떤 평가를 받느냐가 훨씬 더 중요하다는 거지요.

그럼 윗분에게 호감을 얻으려면 어떻게 해야 할까요? 첫 출발점은 무조건 '예의'입니다. 회사 생활의 기본은 자기 윗분에게 예의를 갖추는 겁니다. 예의 바른 직원이 어쩌다가 실수를 하면 '그럴 수도 있지'라며 봐주지만, 평소에 싸가지 없는 행동으로 인심을 잃은 직원은 작은 실수 하나에도 재기가 어려워집니다. 눈치가 없으면 답답할 뿐이지만, 예의가 없으면 욕을 먹고 비난을 받게 되는 것이지요.

'선례후학(先禮後學)'이라는 말이 있습니다. 먼저 예의를 배우고 나중에 학문을 배우라는 뜻입니다. 요즘으로 치면 실력보다 예의가 우선이라는 겁니다.

예의는 사전적으로 '존경을 표현하기 위한 말과 행동'을 뜻합니다. 직장인에게 필요한 예의는 '윗분에게 존경심을 표현하는 것'입니다. 존경심이라고 해서 뭔가 대단한 말이나 거창한 행동을 하라는 것이 아닙니다. 예의를 갖춘다는 것은 덧셈보다 오히려 뺄셈에 가깝습니다. 윗분이 좋아하는 말이나 행동을 보태기에 앞서서, 윗분이 싫어하는 말이나 행동을 걸러내는 것이지요. 윗분이 싫어하는 것을 안 하는 것만으로도 예의의 기본은 갖춘 셈입니다.

만약 윗분이 싫어하는 행동을 계속 반복하면 어떻게 될까요? 윗분은 그 사람을 무례하다고 생각할 겁니다. 자신을 무시한다고 생각하겠죠. 만약 윗분에게 "너 나 무시해?", "내가 우습게 보여?"라는 말을 들었다면 최악입니다. 이미 윗분은 당신을 '싸가지 없는 놈'으로 생각한다는 거니까요. 윗분에게 호감을 얻고 싶다면 뭔가 눈에 띄게 잘하려고 하기보다, 윗분이 싫어하는 말과 행동을 주의 깊게 살펴서 그걸 안 하는 것이 가장 좋은 방법이라는 거지요.

실력이 없으면
가르치면 되지만…

──────────── 윗분들에게 예의를 갖추는 두 번째 방법은 인사를 잘하는 겁니다. 인사만 잘해도 '예의 바른 직원'이라는 평가를 얻을 수 있습니다. 아침마다 밝은 표정으로 인사하면 긍정적인 이미지를 주게 되지요. 밝은 목소리는 '오늘 하루 열심히 일할 준비가 되어 있다'는 느낌을 전달하게 됩니다. 업무상 실수를 해도 평소 밝은 인사성으로 점수를 따놓으면 용서받기가 훨씬 수월해지는 겁니다.

어디 이뿐인가요. 인사는 윗분에게 나의 존재감을 가장 확실하게 어필할 수 있는 방법이기도 합니다. 개그맨 박수홍이 인사를 잘해서 성공했다는 이야기를 들어보셨을 겁니다. 무명 시절부터 방송국 PD들은 물론 모르는 사람들에게도 인사를 너무 잘하다 보니 누구라도 그를 캐스팅해야겠다는 마음이 절로 들었던 거지요.

상사들에게 인사를 잘한다는 것은 단순히 예의 바른 것만을 의미하지 않습니다. 인사는 윗분에게 나의 존재감을 심어주는 행동이기도 합니다. 내가 당신 곁에 있고, 나는 당신이 챙겨줘야 할 사람이라는 것을 매일 아침마다 확인시켜주는 겁니다. 윗분 머릿속에 나라는 사람을 콕 박히게 해서 누군가에게 중요한 업무를 맡겨야 할 때 가장 먼저 나를 떠올리도록 일종의 세뇌를 시키는 거지요.

윗분들이 자주 하는 말이 있습니다. 실력이 없으면 가르치면 되지만, 싸가지가 없는 건 답이 없다고요. 싸가지는 '싹수'의 사투리로, 앞으로 잘될 것 같은 가능성이나 징조를 뜻합니다. 아무리 가르쳐도 안 될 것 같을 때 싸가지가 없다고 하고, 싹수가 노랗다고 하는 것이지요. 수리가 불가능하니까 포기해버리는 겁니다. 만약 직장에서 '싸가지가 없다'는 평가를 받았다면 이미 최악의 상황일지 모릅니다.

옷에 묻은 얼룩을 지우려면 표백제를 써서 수십 번 문질러야 합니다. 윗분 머릿속에 자리 잡은 '싸가지 없는 놈'이란 얼룩을 없애려면 싸가지 있는 행동을 백 번쯤은 해야 겨우 만회할 기회가 생깁니다. 처음부터 싸가지 있는 행동을 하는 것이 중요하다는 거지요.

노자가 쓴 『도덕경』에 보면 '필작어세(必作於細)'라는 말이 나옵니다. 천하의 모든 어려운 일은 아주 작고 쉬운 것에서부터 시작된다는 뜻입니다. 보스 마일리지를 쌓는 것도 마찬가지입니다. 윗분이 싫어하는 행동을 안 해서 존중심과 존경심을 표현하고, 인사를 잘해서 윗분에게 당신의 존재감을 충분히 어필하는 것. 당신이 갖춰야 할 윗분에 대한 예의는 이 두 가지에서 시작된다고 해도 과언이 아닙니다.

건강은 건강할 때 지켜야 하고, 전쟁은 평화로울 때 준비하는 법

누가 오래가는가

입니다. 보스 마일리지도 그렇지요. 요즘 성과도 높고 평판도 좋다고 해도 결코 방심해선 안 됩니다. 잘나갈수록 보스 마일리지를 틈틈이 적립해둬야 합니다. 윗분에게 예의를 갖춰서 행동하는 것, 이것만 잘해도 호감 마일리지가 두 배로 적립되는 기쁨을 누릴 수 있을 겁니다.

'눈치'의 동의어는 배려와 감각

승망풍지(乘望風旨)

망루에 올라가 바람결을 살핀다는 뜻으로,
다른 사람의 눈치를 보고 비위를 잘 맞춤을 이르는 말.

무색무취인 직장 상사는 존재하지 않지요. 그 자리에 오르기까지 숱한 일들을 겪은 만큼 개성도 강하기 마련입니다. 제가 이직을 하면서 알게 된 것 중 하나가 세상은 넓고 사람의 폭은 더 넓다는 겁니다. 사람마다 어쩌면 그렇게 스타일이 제각각인지, 모시는 상사가 바뀔 때마다 적응하느라 꽤나 애를 먹었답니다.

어떤 상사는 제가 다른 상사들에게 그랬듯 잽싸게 뛰어가서 차문을 열어드렸더니, 오버하지 말라고 조용히 타이르더군요. 또 어떤 상사가 옆 부서와 잘 지내라고 하기에 친하게 지냈더니, 너무 친밀하게 지내지 말라고 타박을 하는 겁니다. 도대체 어느 장단에 맞춰야 할지 혼란스러울 때가 한두 번이 아니었습니다. 그런데 저도 어느 정도 직급에 오르니 알겠더군요. 후배들을 평가하는 절대적인 잣대 중 하나가 바로 '눈치'라는 것을요.

술자리는 몇 시에 끝내야 모자라지도 넘치지도 않는 것인지를 기가 막히게 알아채는 것이 눈치입니다. 상사에게 직언을 해도 되는 타이밍을 귀신같이 낚아채는 기술이 바로 눈치입니다. 상사에게 호감을 얻는 첫 단추가 예의를 갖추는 것이라면, 상황에 따라 해야 할 일과 하지 말아야 할 일을 눈치 있게 판단하는 능력은 보스 마일리지를 두 배로 쌓는 고급 기술이라고 할 수 있지요.

문제는 예의에서 눈치 단계로 업그레이드하는 것이 결코 쉽지 않다는 겁니다. 예의는 무조건 열심히만 해도 평균은 되는데, 눈치는 그렇지가 않거든요. 직장인들이 가장 뽑고 싶은 후배 신입 사원의 조건으로 '눈치'를 꼽은 건 그래서일 겁니다. 눈치 없는 사람과 같이 일하는 것처럼 힘들고 고된 일도 없으니까요.

하지만 아직 실망하긴 이릅니다. 눈치는 영원히 바꿀 수 없는 혈액형 같은 것이 아니에요. 어릴 때부터 귀에 못이 박히도록 눈치 없단 말을 들어온 사람이라도 후천적인 노력에 의해 얼마든지 눈치 빠른 사람으로 환골탈태할 수 있습니다. 물론 대단한 노력이 필요하지만 말입니다.

눈치 빠른 행동은
상대를 배려할 때 나온다

──────────── 시장에서 장사하는 분들은 눈치가 빠릅니다. 손님이 가게 안으로 걸어 들어오는 모습만 봐도 물건을 살지 안 살지 대번에 안다고 하죠. 고수들은 얼마짜리를 살 건지도 척 보면 안다고 합니다.

그들 중엔 어릴 때부터 눈치가 빨랐던 사람도 있겠지요. 하지만 대부분은 수많은 시행착오를 거치며 후천적으로 눈치 기술을 터득한 겁니다. 표정이나 차림새를 보고 취향이나 씀씀이를 헤아려 마음에 들 만한 물건을 권하고 가격을 흥정하는 훈련을 수없이 해본 거지요. 예상하고, 맞히고, 틀리고를 무한 반복하면서 완벽에 가까운 확률을 계산해낼 수 있게 된 겁니다. 장사라는 것이 눈치가 곧 돈이 되는 일이다 보니 생존을 위해 각고의 노력으로 눈치라는 감각을 키운 것이지요.

반면 직장인들은 상대적으로 눈치를 키울 기회가 드뭅니다. 시장 상인들처럼 손님들을 줄기차게 만나는 것도 아니고, 여럿이 함께 일하는 프로젝트 업무는 드문 일이고, 평소에는 지시받은 일만 잘 처리하면 별 문제가 없으니까요. 장사하는 분들보다 더 디테일한 노력과 적극적인 의지가 없으면 눈치를 키우기가 쉽지 않은 거지요. 하지만 해내기만 하면 그 효과는 몇 배로 뻥튀기가 되어 돌아옵니다. 눈치를 조금만 키워도 자신만의 차별화된 경쟁력이 되고, 그 결과 윗분의 호감을 단번에 얻어낼 수 있으니까요.

그렇다면 어떻게 해야 눈치를 키울 수 있을까요? 제가 직접 임상 실험을 거쳐 터득한 세 가지 방법이 있습니다.

첫째, 배려하는 겁니다. 엄마들은 아기 울음소리만 듣고도 배가 고파서 우는 건지, 열이 나서 우는 건지 단번에 알아챈다고 하죠. 아이를 사랑하고 배려하는 마음으로 정성껏 돌보기 때문에 가능한 일입니다. 눈치도 그렇습니다. 누군가를 사랑하는 마음으로 바라보면 표정만 봐도 기분이 좋은지 나쁜지 알게 됩니다. 함께 밥을 먹을 때 조금만 관심을 기울이면 자연스럽게 좋아하는 반찬이나 식사 습관 등이 눈에 보이게 되지요.

사랑하면 알게 되고, 알면 깨닫게 되고, 깨달으면 실천하게 된다는 말이 있습니다. 그 실천이 곧 상대를 배려하는 행동이고, 그 행동이 바로 눈치입니다. 이를테면 치아가 안 좋은 상사와 식사할 때 부드러운 메뉴를 권하고, 무릎이 안 좋은 상사를 모실 때 미리 엘리베이터 위치를 파악해두는 눈치 빠른 행동은 윗분을 배려하는 마음에서 나오는 행동입니다.

상사와 해외 출장을 가는데 짐이 너무 많아서 공항 수하물 검사 시간이 길어진다면 상사의 기분이 좋을 리 없겠지요. 꼭 필요한 짐을 미리 숙소로 부치면 상사의 시간을 낭비하지 않을 수 있을 겁니다. 상사의 감정까지 헤아리는 마음이 배려의 행동으로 나타나는 것이지요.

실제로 심리학에서는 눈치와 배려를 동의어로 간주합니다. 다른 사람의 눈치를 살피는 것과 상대를 배려하는 행동의 작동 원리가 데칼코마니처럼 비슷하기 때문이죠. 그러니까 눈치가 빠르다는 것은 배려심이 크다는 말인 겁니다. 지금부터라도 보스를 사랑하는 마음으로 관찰해보세요. 애정의 마음으로 관심을 기울이는 순간, 보스에게 필요한 것들이 눈앞에 그림처럼 보이게 될 겁니다.

목적이 분명하면
눈치 키우는 방법이 보인다

──────────── 눈치를 키우는 두 번째 방법은 목적의식을 갖는 겁니다. 서비스업에 종사하는 분들은 눈치가 재빠르죠. 식당 종업원은 손님이 고개만 살짝 들어도 금세 알아채고 테이블로 주문을 받으러 옵니다. 매장 판매원은 손님이 물건을 살 마음을 재깍 알아채고 흥정의 기술을 발휘하기 시작하죠. 그분들이 난생처음 본 손님을 사랑할 리가 없겠죠. 장사에 필요하니까 눈치를 보는 겁니다. 눈치를 잘 볼수록 돈을 많이 벌 수 있으니까 갈수록 눈치가 빨라지는 것이지요. 눈치를 키워야 할 목적이 분명하면 눈치를 키울 방법도 선명하게 보이기 마련입니다.

흔히 눈칫밥 먹는다고 하죠. 대학 때 자취하는 친구들보다 하숙집에 사는 친구들이 눈치가 단연 빨랐습니다. 하숙집 아주머니의 눈치를 잘 살펴서 요령껏 행동해야 맛난 밥을 얻어먹을 수 있기 때문이죠. 그야말로 생존을 위해 눈치의 기술을 습득한 겁니다. 눈치는 필요에 의해서도 얼마든지 개발할 수 있다는 겁니다.

마지막으로 눈치를 키우는 세 번째 방법은 예습과 복습을 수없이 반복하는 겁니다. 공부 잘하는 사람은 틀린 문제를 반복해서 풀고, 기록이 좋은 선수는 자신의 실수를 수십 번씩 떠올린다고 하지요. 이세돌 같은 바둑 고수들도 자신이 두었던 돌을 다시 놓으며 패인을 찾습니다. 실수한 원인을 찾아서 다시는 같은 실수를 안 하기 위해서입니다.

눈치도 복습을 통해 진화합니다. 자신이 무엇을 잘못했는지, 그게 왜 잘못된 행동인지 수없이 고민하고 그 상황을 계속 떠올리다 보면 저절로 마음속에 각인돼서 다시는 같은 행동을 안 하게 되는 것이지요. '숙능생교(熟能生巧)'라는 말이 있습니다. 능숙해지면 기교가 생긴다는 뜻으로, 오랜 기간 갈고닦으면 뛰어난 능력을 발휘할 수 있다는 의미죠. 눈치도 얼마든지 노력과 연습과 복습을 통해 키워나갈 수 있습니다.

피터 드러커는 『개인의 능력을 극대화하는 자기경영』에서 "상사는 조직도, 상위 직위도, 어느 '기능'도 아니다. 상사는 개인이고 그들이 제일 일을 잘하는 방식으로 일을 잘할 수 있는 권리가 있다. 직원들은 상사를 관찰하고, 상사가 어떻게 일하는지 파악하고, 상사가 가장 효과적으로 일하도록 자신을 적응시켜야 한다. 이것이 상사를 '경영'하는 비밀이다"라고 했습니다. 피터 드러커가 상사를 관찰하고 파악하라는 의미도 바로 눈치를 키우라는 뜻일 겁니다.

눈치가 빠른 사람을 모방하는 예습도 눈치를 키우는 좋은 방법입니다. 주변에 눈치 빠른 사람이 있다면 그의 행동을 주의 깊게 관찰해보세요. 아마 몇 가지 패턴을 발견할 수 있을 겁니다. 그걸 잘 기억하고 있다가 딱 들어맞는 상황이다 싶을 때 행동으로 옮겨보는 겁니다. 실수한 행동은 다시 안 하도록, 성공한 행동은 자주 반복해서 자기 것으로 만들도록 복습하는 것도 방법이지요.

눈치는 감각입니다. 모든 감각은 직접 몸으로 경험하지 않으면 익힐 수가 없습니다. 실전 경험이 최우선이라는 말입니다. 일단 부딪쳐 몸으로 배우는 것이 눈치 감각을 키우는 가장 빠른 방법입니다.

'승망풍지(乘望風旨)'라는 말이 있습니다. 망루에 올라가 바람결을 살핀다는 뜻으로, 다른 사람의 눈치를 보고 비위를 잘 맞추는 것을 뜻하지요. 윗분을 모실 때마다 반드시 새겨야 할 말입니다. 바람을 잘 살피지 않으면 연이 바닥으로 떨어지듯이, 윗분의 눈치를 잘 헤아리지 못하면 당신도 어느 순간 바닥을 향할지 모를 일입니다.

눈치는 직장인들이 적극적으로 키워야 할 제6의 감각입니다. 윗분을 배려하는 눈치 있는 행동이야말로 보스 마일리지를 적립하는 가장 확실한 방법이라는 것을 잊지 마세요.

품격 없는 아부꾼과 기품 있는 센스쟁이

동공이곡(同工異曲)
같은 악공끼리도 곡조를 달리한다는 뜻으로,
재주가 같아도 사람마다 다른 작품을 만들어낸다는 의미.

직장 상사의 눈치를 보라고 하면 꼭 이렇게 말하는 후배들이 있습니다.

"저는 성격상 아부 같은 건 잘 못해요. 그냥 일에만 충실할래요."

눈치와 아부는 전혀 다른 거라고 침을 튀겨가며 설명해도 요지부동입니다. 이유가 있지요. 그동안 품격 없는 눈치꾼들을 너무 많이 봤기 때문입니다.

윗분이 얼토당토않은 말을 해도 무조건 맞장구를 치며 "지당하신 말씀입니다"를 남발하고, 회식 때마다 윗분 옆자리에 찰싹 붙어서 듣기 민망한 칭찬을 늘어놓고, 윗분의 수족이 되어 모든 잔심부름을 도맡아 하는 '아부왕'들, 어느 회사에나 꼭 있습니다.

그러다 보니 적지 않은 사람들이 눈치를 부정적으로 여기거나 기피의 대상으로 생각하는 것 같습니다. '약삭빠르다'는 말과 '간사하다'는 말을 동의어로 생각하는 것이지요. '눈치'와 '아부'를 같다고 여기는 겁니다. 하지만 자기 잇속에 맞게 재빠르게 행동하는 것과 자신의 이익을 위해 나쁜 꾀를 부리는 것은 전혀 다른 일입니다. 윗분의 비위를 맞추며 알랑거리는 '아부'와 윗분의 의중을 헤아리며 배려하는 '눈치'는 질적으로 다릅니다.

가벼운 아부 대신
'마이 스타일'로 나가라

──────────── 아부하는 사람들은 술자리에서 테이블에 이마를 찧으며 '충성주'를 마십니다. 흑기사를 자처하며 윗분의 술을 대신 마시기도 하지요. 하지만 눈치 빠른 사람들은 술이 약한 윗분을 위해 남들 몰래 술잔에 물을 섞어 연하게 만듭니다. 술잔을 채우는 동시에 컵에도 물을 가득 채우지요. 윗분이 다음 날 숙취로 고생하지 않도록 눈치 있게 배려하는 겁니다.

눈치와 아부는 한 끗 차이입니다. 윗분의 니즈를 파악해서 편안하게 해드리면 눈치 있는 배려가 되지만, 윗분의 환심을 사려고 지나치게 오버하면 아부가 되고 아첨이 됩니다. 이 차이를 전혀 고려하지 않고 윗분의 마음을 사로잡기 위한 모든 행동을 무조건 아부로 치부해버리는 것은 어리석은 일입니다. 무릎을 꿇거나 비굴한 태도를 보이지 않아도 예의 바른 행동과 눈치 있는 배려로 얼마든지 보스 마일리지를 쌓을 수 있으니까요.

많은 직장인이 아부의 유혹에 넘어가는 이유는 윗분에게 가장 확실하게 눈도장을 찍을 수 있는 방법이기 때문입니다. 윗분에게 큰 기쁨을 안겨드리고 큰 점수를 받겠다는 계산이지요. 하지만 윗분들은 그 속내를 모두 간파하고 있습니다. 상황이나 분위기에 따라 아부가 통할 때도 있겠지만, 대부분의 윗분은 아부와 아첨을 기가 막히게 알아챕니다. 겉으로는 웃으면서 받아주지만, 속으로는 '지질한 아부꾼'으로 생각하는 경우가 다반사지요. 급하다고 오버하면 낭패 보기 십상이라는 겁니다.

보스 마일리지를 쌓는 데도 품격이 있습니다. 듣기 좋은 말로 윗분의 환심을 사려는 것은 하수들입니다. 고수들은 다르지요. 자신만의 매력을 뿜내면서 윗분의 마음까지 사로잡는 비밀 무기를 하나둘씩 가지고 있습니다. 아부 대신 '마이 스타일'로 보스 마일리지를 쌓는 겁니다. 예의 바른 행동과 눈치 빠른 배려로 윗분에게 호감을 얻었다면, 그다음 단계로 자신만의 스타일을 만들어서 보스 마일리지를 더블로 적립하는 것이지요.

자잘한 리서치를 잘하는 것, 다른 부서와 협업을 잘 이끌어내는 것, 술자리에서의 재치 있는 입담 등 어찌 보면 소박한 재능을 십분 발휘해서 윗분을 배려함과 동시에 그분 마음을 사로잡는 '마이 스타일'을 구사하는 사람들은 한마디로 '생활의 달인'이라 할 수 있습니다.

당신의 탤런트는
무엇입니까

───────────── 자신만의 장기를 이미 알고 있다면 더 잘할 수 있게 노력하면 됩니다. 입담이 좋은 사람은 더 재미난 이야깃거리를 발굴하고, 노래를 잘하는 사람은 윗분이 좋아하는 장르를 파고들면 더 많은 점수를 얻을 수 있지요. 문제는 아직 자신의 장기를 발견하지 못한 경우입니다. 눈치 있는 말 못하는 사람이 상사 기분 맞춰준답시고 말 꺼냈다가 큰 실수를 하는 경우가 많지요. 가령 탈모가 고민인 상사에게 "요즘 머리숱이 풍성해지신 것 같아요"라고 말하는 건 자살행위나 다름없죠. 고기 굽기에 나섰다가 아까운 고기만 태워서 고기 좋아하는 윗분의 식사를 망친다거나, '아재 개그' 좋아하는 윗분에게 어설픈 농담을 걸었다가 분위기만 싸늘하게 만드는 경우도 있죠. 뱁새가 황새 따라가려다 가랑이 찢어지는 대참사가 지금 이 순간에도 곳곳에서 벌어지고 있을 겁니다.

이런 분들에게 '동공이곡(同工異曲)'이라는 말을 해주고 싶습니다. 같은 재주를 가졌더라도 사람마다 다른 작품을 만들어낸다는 뜻이지요. 사람마다 타고난 재주가 다르고, 같은 재주라도 그것을 표현해내는 방법이 제각각이라는 겁니다. 똑같은 흙이라도 장인의 손에 쥐어지면 도자기가 되지만, 어린아이 손에 쥐어지면 모래성이 되는 것처럼 말입니다.

남들이 다 한다고 나도 해야 한다는 강박은 버려도 됩니다. 남들 쫓아가다가 익사하지 말고 자신에게 맞는 영법을 찾으세요.

무조건 고음으로 불러야 노래를 잘하는 게 아닙니다. 자기 목소리 톤에 어울리는 노래를 부를 때 감동을 주는 법입니다. 허리가 불편하면 무리하게 90도 인사를 고수할 필요가 없습니다. 윗분에 대한 존중심은 표정과 태도로도 충분히 표현할 수 있으니까요. 만약 고기를 잘 굽지 못한다면 괜히 태우지 말고 잘 굽는 사람에게 맡기세요. 그 사람이 고기 굽는 동안 당신은 윗분 옆에서 같이 고기를 먹으면서 말동무가 되어드리는 게 낫지요.

나는 왜 고기를 잘 굽지 못할까, 나는 왜 노래를 잘 부르지 못할까, 고민하고 걱정할 시간에 나만이 잘할 수 있는 것을 찾아보세요. 유머 감각이 뛰어나다면 식곤증이 몰려올 때 재미있는 이야기로 윗분의 잠을 깨워주면 됩니다. 발이 넓다면 인맥을 총동원해서 윗분에게 필요할 법한 정보들을 물어오면 좋겠지요. 말재주가 뛰어나다면 윗분 취향에 맞게 보고하는 노하우를 발휘할 수도 있을 겁니다.

뭐든 잘하려고 욕심내기보다 자신만의 기술을 활용해서 자신만의 방식으로 윗분을 모시는 것, 자신이 가장 잘할 수 있는 것으로 윗분에 대한 존중심을 표현하는 것, 이것이 바로 보스 마일리지를 두 배로 쌓는 지름길입니다. 하나의 '마이 스타일'에 안주하지 않고 자신만의 비밀 병기를 두 개 세 개 계속 늘려나간다면 더할 나위가 없겠지요.

『논어』에 '인능홍도, 비도홍인(人能弘道, 非道弘人)'이라는 말이 나옵니다. 사람이 길을 넓히는 것이지, 길이 사람을 넓히는 것이 아니라는 뜻입니다. 스스로 노력해서 길을 넓혀가야 한다는 의미지요. 보스 마일리지를 적립하는 것도 이와 같습니다. 자신만의 스타일로 보스의 호감을 얻어내는 것이야말로 보스의 계좌를 두둑하게 만드는 가장 고급의 기술입니다.

선배들의 술자리에서는 어떤 뒷담화가 오갈까?

삼인성호(三人成虎)
세 사람이 호랑이를 만들어낸다는 뜻으로,
거짓말도 여럿이 말하면 참말이 돼버린다는 의미.

여러분이 최고로 꼽는 술안주는 무엇인가요? 아마도 '윗사람 뒷담화'가 아닐까 싶습니다. 공공의 적인 윗사람을 뒤에서 험담하는 것이야말로 팍팍한 직장 생활을 견디게 하는 작은 즐거움 중 하나지요. 그동안 쌓인 억울함과 분노를 입 밖으로 꺼내면 마치 사이다를 마신 것처럼 가슴속이 시원해지니까요. 동병상련이라고, 같은 고통을 공유하는 동료들과 윗사람 험담을 안주 삼아 술을 마시면 그렇게 꿀맛일 수가 없습니다.

그런데 혹시 알고 계신가요? 후배들이 선배들을 술안주로 삼듯이 윗분들도 후배들을 오징어처럼 잘근잘근 씹고 있다는 것을요. 우리가 호프집에 모여서 열심히 선배 뒷담화를 하고 있을 때 선배들도 우리를 도마 위에 올려놓고 열심히 칼질을 하고 있답니다. 문제는 후배들의 선배 뒷담화는 그저 술안주로 끝나지만, 윗사람들의 후배 뒷담화는 두고두고 꼬리표처럼 평생을 따라다닌다는 겁니다.

'후배 뒷담화'가
무서운 이유

──────── 직급이 낮을 때라면 직장 상사는 공공의 적입니다. 아무리 성격 좋은 윗분이라도 후배들 입장에선 뒷담화 소재가 늘 차고 넘치죠. 그런데 직급이 올라가면 상황 역전이 일어납니다. 모시는 상사들의 숫자가 줄어들수록 뒷담화의 화살이 위가 아닌 아래를 향하게 되는 거죠. 단순한 뒷담화가 아니라, 후배들의 업무 능력부터 사소한 소문에 이르기까지 모든 것을 두루두루 평가합니다.

윗분들은 후배들의 재능을 파악해 적재적소에 활용하는 능력이 뛰어납니다. 자신을 대신해서 일을 잘해낼 사람을 배치하는 것이 윗분들의 중요한 역할 중 하나이기 때문이죠. 그래서 사람을 얼마나 잘 쓰느냐가 윗분의 능력을 가늠하는 잣대가 되기도 합니다. 윗분들이 후배들 평판에 귀를 쫑긋 세울 수밖에 없는 이유입니다. 함께 일해본 직원은 실력이나 성격을 어느 정도 파악하고 있지만, 회의 때 몇 번 얼굴만 본 직원은 평가할 근거가 거의 없으니 그 직원과 함께 일해본 사람의 평가에 의존할 수밖에 없지요.

실제로 윗분들끼리 모이면 그 자리가 공식적인 모임이든 사적인 모임이든 직원들 이야기가 빠지는 법이 없습니다. 특히 술자리에서 후배들 뒷담화가 본격적으로 이뤄집니다.

"지난번에 같이 해외 출장을 갔는데 영어 실력이 원어민 수준이더라."

"발이 어찌나 넓던지 다들 포기한 계약이었는데 자기 인맥을 총동원해서 결국 사인을 받아내더라."

"보고서를 기똥차게 잘 썼길래 프로젝트 책임을 믿고 맡겼는데 빛 좋은 개살구더라."

윗분끼리 모이면 자기가 경험한 직원들 이야기로 밤을 샐 지경입니다.

역사는 밤에 이루어진다는 말처럼, 이 과정에서 새로운 역사가 만들어지는 경우가 적지 않습니다. 이야기를 쭉 듣다가 자신에게 필요한 능력을 가진 직원이 있으면 협상을 통해 자기 부서로 데려오기도 하고, 두루두루 칭찬이 자자한 직원은 암묵적 동의하에 차기 팀장으로 내정하는 경우가 비일비재합니다. 술안주 삼아 잘근잘근 씹던 직원이 블랙리스트에 올라가는 것은 자연스러운 수순이지요. 공식적인 결정의 상당수가 비공식적인 과정에서 탄생하고 있는 겁니다.

평판 관리가 중요한 것은 그래서입니다. 자신이 모시는 윗분에게 찍히면 그것으로 끝이 아닙니다. 나에 대한 부정적인 평가가 다른 윗분에게 전해지고, 한 번의 실수로 핵심 업무에서 제외되거나 승진에서 누락되거나 심한 경우 해고당하기도 합니다. 위를 향한 뒷담화가 연기처럼 사라지는 공허한 메아리라면, 생사여탈권을 쥔 윗분들의 아래를 향한 뒷담화는 인아웃을 결정하는 무서운 칼날이 되는 것이지요.

어쩌면 젊은 직장인들은 회사를 옮기면 해결될 문제라고 생각할지도 모르겠군요. 하지만 현실은 다릅니다. 한번 찍힌 낙인은 결코 사라지지 않거든요.

과거에는 이력서와 추천서, 면접만으로 경력직 채용을 결정했지만, 요즘에는 평판 조회를 거치는 것이 일반적입니다. 화려한 이력이나 뛰어난 언변에 속아서 잘못된 채용을 하지 않도록 전 직장에서 팀워크는 어땠는지, 윗사람과의 관계는 괜찮았는지, 혹시 불법 행위가 있었던 건 아닌지 시시콜콜 알아보는 거지요. 그 결과 일은 잘하는데 윗사람과의 관계가 나빴다거나, 실적은 뛰어난데 팀워크가 꽝이라는 평가가 나오면 그대로 아웃입니다. 지원자가 차고 넘치는데 전 직장에서 안 좋은 이야기가 들려오는 사람을 굳이 뽑을 이유가 없으니까요.

인기 많은 보스에겐
절대 찍히지 마라

──────────── 이제 평판 관리가 중요하다는 건 알겠는데 어떻게 해야 잘 관리할 수 있는지 방법을 모르겠다고요? 그런 당신을 위해 제가 알고 있는 세 가지 고급 노하우를 전수해드리지요.

첫째는 인기 많은 상사에게 절대 찍히지 말라는 겁니다. 인기 많은 윗분은 '걸어 다니는 스피커'라고 해도 과언이 아닙니다. 모든 사람이 그가 하는 말에 귀를 기울이고, 그의 말을 듣기 위해 일부러 찾아오는 일도 다반사지요. 신뢰가 두텁다 보니 그가 하는 말이면 사소한 것에도 무거운 추가 여럿 실립니다. 팥으로 메주를 쑨다는 얼토당토않은 말도 그가 하면 무조건 믿고 보지요. 그냥 소리 나는 스피커 정도가 아니라, 엄청나게 비싼 명품 스피커인 셈입니다. 그런 그가 만약 누구 험담을 하면 어떨까요. 사람들은 아마도 이런 반응을 보일 겁니다.

"그 사람이 그렇게 말할 정도면 일을 얼마나 못한 거겠어?"

"저 사람은 법 없이도 살 사람인데 저렇게 말하는 걸 보면 그 직원은 정말 못 쓰겠군."

묻지도 따지지도 않고 그의 말을 철썩같이 믿어버립니다. 그 결과는 참혹 그 자체입니다. 인기 많은 보스를 따르는 수많은 사람을 단번에 나의 적으로 만드는 거니까요. 그런 보스에게 찍히는 순간 직원 모두가 나의 안티가 되는 겁니다.

이런 최악의 사태를 예방하는 가장 좋은 방법은 인기 많은 보스와 어느 정도 거리를 두는 겁니다. 나를 잘 모르면 평가할 것도 없으니까요. 하지만 직장 생활이 어디 그렇게 만만하던가요. 의도했든 아니든 인기 많은 보스와 다양한 연결 고리가 생길 수 있습니다. 그럴 땐 잘 보여서 예쁨 받아야겠다는 욕심보다는, 실수하지 말고 밉보이지 말자는 방어적 자세를 취하는 것이 현명합니다. 최고의 공격은 방어라는 것을 절대 잊어선 안 됩니다.

'삼인성호(三人成虎)'라는 말이 있지요. 세 사람이 호랑이를 만들어낸다는 뜻으로, 거짓말도 여럿이서 하면 진실이 된다는 말입니다. 헛소문에 헛되게 죽지 않으려면 처음부터 헛소문이 생기지 않도록 평소 윗분에게 긍정적인 평가를 받아야 합니다. 인기 많은 윗사람일수록 더 조심하고 실수하지 않도록 자신을 늘 경계해야 합니다. 자칫 방심하는 순간 당신에게 백만 안티가 생길지도 모르니까요.

평판 관리를 위한 두 번째 고급 스킬은 사내 관계 지수를 흠 없이 관리하는 겁니다.

국내 여성 헤드헌터 1호이자 수십 년간 구직자와 기업을 연결해온 '원조 플랫포머' 유순신 유앤파트너즈 대표는 평판 관리에 대해 이런 말을 했습니다.

"후보 추천 때는 윗분과 잘 지냈는지를 보는 것이 아주 중요합니다. 아무리 일을 잘해도 독불장군은 안 됩니다. 심지어 창의력이 가장 중요한 IT 업종 종사자들도 일정 위치에 올라가면 상사와의 협업이 가장 중요해지기에 상사와의 관계를 반드시 봅니다. 평판 조회가 갈수록 중요해지는 이유입니다."

일을 못하면 가르쳐서 쓰면 되지만, 함께 일하는 방법을 모르면 도무지 답이 없습니다. 아무리 능력이 뛰어나도 윗분과 갈등을 빚는 직원을 예쁘게 볼 회사는 없지요. 요즘처럼 전 직장의 평판 조회가 일상적으로 이뤄지는 환경에서는 한번 뒤틀린 관계 지수가 두고두고 걸림돌이 될 수 있습니다. 특히 직급이 올라갈수록 윗분과의 관계 지수는 필수적인 체크리스트가 됩니다. 손바닥으로 그 넓은 하늘을 가릴 수야 없지요. 직장인으로 롱런하고 싶다면 평소 사내 관계 지수를 최상급으로 관리하는 노력은 필수입니다.

평판 관리를 잘하기 위한 세 번째 노하우는 수시로 셀프 평판 조회를 해보는 겁니다.

윗분들 사이에 오간 후배 뒷담화는 아래로 내려오는 법이 없습니다. 후배들은 윗분들이 자신을 도마 위에 올려놨는지조차 모르는 경우가 허다하지요. 그러니까 물어보는 수밖에 없습니다. 윗분에게 물 흐르듯 자연스럽게 자신에 대한 평판을 넌지시 물어보는 겁니다.

"어제 이사님과 식사 자리는 괜찮으셨어요? 지난번 회의 때 이것저것 물으시던데 혹시 다른 말씀은 없으셨어요?"

"아, 그렇지 않아도 네 얘기 하더라. 인사 잘한다고 칭찬하던데?

잘했어.”

물론 늘 좋은 평가만 나오는 것은 아니죠. 반대의 경우도 흔하게 있습니다.

“야, 너 그 회의 때 중요한 자료를 빼먹었다면서? 왜 그런 실수를 해서 나까지 욕먹게 하냐. 앞으로 조심해.”

인사로 긍정적인 평가를 받았다면 다른 윗분에게 인사를 더 잘해서 평판을 강화하면 됩니다. 안 좋은 평가를 들었다면 실수를 만회할 기회를 찾아서 평판을 보완하면 되지요. 한번 생긴 얼룩을 말끔히 지울 수는 없겠지만, 모르고 방치하다가 옷을 완전히 버리는 것보다는 애벌빨래라도 해서 최대한 흔적을 없애는 것이 최선입니다. 수시로 윗분에게 셀프 평판 조회를 해서 윗분들이 나를 어디에 놓고 도마질을 하고 있는지 현재 위치를 파악하는 것이 평판 관리를 위한 최선의 방법인 거지요.

지금 이 순간에도 수십 수백 개의 관찰 카메라가 나를 향해 불을 켜고 있습니다. 순간의 화풀이 같은 윗분 뒷담화에만 열을 올릴 게 아니라, 나를 향한 윗분들의 뒷담화에도 귀를 쫑긋 세워야 합니다. 윗분 지수 올리기, 사내 평판 관리의 첫걸음입니다.

학연보다 강력한 '직연'의 세기가 도래했다

인연생기(因緣生起)
모든 사물은 그 자체로 독립되어 있는 것이 아니라 여러 관계 속에
존재하고 있다는 뜻으로, 모든 인연은 이어져 있음을 뜻함.

꽃이 피면 언젠가 지듯이, 모든 관계는 시작이 있으면 끝이 있습니다. 직장 상사들과의 관계에도 유효기간이라는 것이 있지요. 만약 당신이 사원이나 대리라면 현재의 상사와 함께 일할 기간이 적어도 10년, 많으면 20년쯤 될 겁니다. 당신이 앞으로 회사에서 보낼 시간과 당신의 현재 상사가 현직에 있을 시간의 교집합이 최대 20년 정도 된다는 거지요. 과학적으로 사랑의 유효기간이 3년이라는데, 윗사람과의 인연은 무려 20년이나 됩니다. 매일 보는 사이라서 잘 몰랐겠지만 당신과 상사와의 인연은 이렇게나 길고 깊습니다.

하지만 예외가 있지요. 윗분이 계열사 한직으로 좌천되거나 구조조정의 칼날을 맞고 해고라도 당하면 그 즉시 이별입니다. 반대

의 경우도 마찬가지죠. 내가 다른 회사로 자리를 옮기거나 퇴사를 해도 그분과 안녕입니다. 같은 공간에서 함께 일할 기회가 영영 사라지는 거지요.

이때 하수들은 윗사람들과의 인연이 끝났다고 생각합니다. 어느 정도 시간이 흐르면 연락은커녕 원래 없던 사람인 것처럼 생각조차 안 하게 되지요. 짬밥이 적을수록 회사를 떠난 윗분은 이제 끝이라고 생각하고 머릿속에서 지워버립니다.

하지만 고수들은 다릅니다. 윗분이 떠났든 자신이 이직을 했든 관계없이, 한번 맺은 인연을 계속 이어나갑니다. 한 달에 두세 번 정도 안부 연락을 하고, 두세 달에 한 번 정도는 술잔을 기울이면서 돈독한 우정을 쌓아가죠. 같이 일할 때와 같을 수는 없지만 어느 공간에 있어도 서로가 서로에게 든든한 지원군임을 수시로 확인합니다.

이유가 있지요. 고수들은 아는 겁니다. 혈연, 지연, 학연보다 더 중요한 것이 바로 직장에서 맺은 인연인 '직연'이라는 것을요. 한 지붕 아래서 한솥밥 먹으며 성과를 이뤄냈던 인연이야말로 가장 힘이 되는 관계이지요.

헤어짐이 만남보다
중요한 이유

─────────── 요즘처럼 전문가와 경력자를 선호하는 시대에는 회사를 옮겨도 기존 인간관계에서 크게 벗어나지 못합니다. IT 전문가는 IT 기업에서 다른 IT 기업으로 이직하고, 마케팅 전문가는 마케팅 회사에서 다른 마케팅 회사로 자리 이동을 합니다. 같은 공간에서 일하지 않아도 결국 같은 울타리 안에서 같은 일을 하는 거지요. 윗분과 헤어졌어도 그가 계속 현직에 있다면 20년 교집합은 여전히 유효하다는 겁니다.

같이 일할 때 잘나가던 윗분은 다른 곳으로 옮겨도 계속 잘나갑니다. 능력 있는 윗분은 퇴사를 해도 공백기가 짧지요. 백수 생활을 즐길 틈도 없이 전보다 높은 자리로 옮기는 윗분을 수도 없이 봤습니다. 그와 계속 인연을 이어간다는 것은 나에게 든든한 외부 조력자가 생긴다는 것을 의미합니다. 같이 일할 때는 불가능했던, 이를테면 경쟁사 정보 공유나 프로젝트 수주 같은 도움을 주는 내 편이 생기는 거지요.

평판 관리에도 결정적인 역할을 합니다. 특히 이직할 때 평판은 합격 당락을 좌우하는 잣대인데, 헤어진 윗분과 직연을 잘 이어왔다면 그분은 강력한 추천자가 되어줄 것이고 그렇지 않다면 내 앞길을 가로막는 안티가 될 수도 있습니다. 다시 말해 헤어진 뒤에도 좋은 인연을 이어가는 윗분은 계속 내 뒷배가 되어줄 수 있습니다. 반면 어글리 엔딩으로 끝난 윗분은 기회가 생기면 작정하고 나를 낭떠러지로 밀어낼 수도 있겠지요. 나보다 능력과 경험과 인맥이 몇 수 위인, 헤어진 윗분의 한마디가 남은 내 직장 생활의 명암을 좌우할 수도 있다는 겁니다.

헤어진 윗분이 은퇴를 하거나 이민을 가지 않는 한, 언제 어디에서 무엇이 되어 나와 다시 만날지 모릅니다. 따라서 그 윗분과의 직연을 잘 관리하지 않으면 결정적인 순간에 뒤통수를 맞을 수도 있다는 것을 명심하세요.

직연 관리가
알짜배기 인맥 관리

──────────── 비단 윗분만이 아닙니다. 요즘에는 반전이 심심찮게 일어납니다. 능력 없다고 무시했던 동기나 후배가 한순간에 나를 치고 올라갈 수도 있고, 변변찮은 회사로 이직했던 후배가 인수 합병으로 단번에 나의 윗분이 되기도 합니다. 지금처럼 변화가 일상일 때는 언제 직급이 역전되고 반전이 생길지 아무도 모릅니다.

직연 관리가 중요한 건 그래서입니다. 직업을 180도 바꿔서 다른 울타리로 넘어가지 않는 한, 한번 맺은 직장의 인연은 은퇴할 때까지 계속 이어집니다. 그 인연을 선연으로 만들 것인지, 아니면 악연이 되게 할 것인지는 온전히 자신의 노력 여하에 달려 있지요. 살면서 한 번쯤은 외나무다리 위에서 만날 거란 생각으로 함께 일하는 모든 사람과 좋은 관계를 유지하는 노력이 필요하다는 겁니다. 흔히 말하듯 어느 구름에서 비가 내릴지 알 수 없으니 '나인 투 식스'를 공유하는 직장 동료 모두에게 잘하자는 것이지요.

많은 직장인이 인맥을 넓히기 위해 이곳저곳을 기웃거리는데, 수년간 '나인 투 식스'를 공유한 직장 동료만큼 귀한 인연도 없습니다. 생판 모르는 사람을 새로 사귀는 것보다, 회사 동창생을 잘 관리하는 것이 알짜배기 인맥 관리인 셈이지요.

그렇다면 헤어진 윗분과의 직연 관리는 어떻게 해야 할까요? 두 가지만 잘하면 됩니다. 분기에 한 번 문자메시지로 안부 인사하기, 그리고 반년에 한 번 같이 식사하기. 대단한 한 방이 아니라 작은 정성을 주기적으로 전하는 겁니다. 아직 당신을 잊지 않고 있습니다, 당신에 대한 존경심을 영원히 가지고 있습니다, 이런 메시지를 정기적으로 전달하는 겁니다. 이것만 잘해도 언제나 나의 편이 되어줄 든든한 외부 아군을 만들 수 있습니다.

회사에서 쌓은 인연은 다른 곳에선 돈 주고도 못 구하는 귀한 인연입니다. 퇴사했다고, 다른 회사로 옮겼다고 끝이 아닙니다. 어쩌면 서로 다른 공간에서 또 다른 인연이 시작될지도 모릅니다. 직연을 선연으로 만들어가는 것, 지금 당신이 당장 시작해야 할 생존 병법입니다.

농담인 듯, 농담 아닌, 농담 같은 보스의 지적

언중유골(言中有骨)
말 속에 뼈가 있다는 뜻으로, 예사로운 말 같으나
그 속에 단단한 속뜻이 들어 있다는 의미.

요즘 '아재 개그'가 대유행이죠. 단순한 말장난인데도 묘한 중독성 때문에 원조 격인 중년 아저씨부터 젊은 직장인까지 아재 개그 매력에 푹 빠져 있습니다. 농담 좋아하는 윗분 때문에 아재 개그 배우기에 나선 직장인도 많다고 해요. 그런데 후유증도 적지 않은 것 같습니다. 윗분의 뼈 있는 농담이 단순한 개그로 치부되며 본래 목적을 잃고 있는 것이지요.

윗분들의 주특기 중 하나가 뼈 있는 농담입니다. 뼈 있는 농담은 농담인 듯 건네는 진담을 말하죠. 유머로 포장했지만 말 속에 지적을 담은 겁니다. 남들은 재미있다고 깔깔깔 웃는데 혼자만 찝찝한 느낌이 든다면 그건 나를 향한 진담일 확률이 큽니다. 뼈 있는 농담의 목적은 기분 상하지 않게 농담처럼 말하되 그 속에 진짜 하고 싶은 말을 담아서 후배들을 단속하는 거니까요.

예전에는 '뼈 농담'이 통했습니다. 호되게 야단치는 대신 에둘러 잘못을 지적하는 윗분에게 고마움을 느낄 정도였죠. 그런데 요즘 에코 세대는 윗분의 뼈 농담에 유독 둔감한 것 같습니다. 단순한 농담으로 받아넘기거나, 말 속의 뼈를 알아채도 꼰대의 갑질 정도로 치부해버립니다.

하지만 윗분마다 스타일은 달라도 뼈 있는 농담은 분명한 목적이 있습니다. 농담을 섞든 지나가듯 던진 말이든 윗분이 같은 이야기를 여러 번 반복한다면 그건 명백한 피드백입니다. 퇴상을 통보하기 전에 경고의 의미로 던지는 옐로카드 같은 거지요. 그러니까 '왜 나만 보면 저 이야기를 하지?'라고 생각할 게 아니라 '아, 이건 정말 고쳐야겠구나'라고 농담 속에 담긴 윗분의 의중을 깨닫는 것이 중요합니다.

"웬일이야?
옷을 다 갈아입었네?"

─────────── 업무상 필요한 피드백은 업무적으로 합니다. 드라이하고 사무적으로 필요한 지적을 하지요. 뼈 있는 농담은 업무 이외의 영역, 이를테면 태도나 인성에 대해 지적할 때 주

로 사용하는 수법입니다. 회식 때마다 의리 없이 도망가는 직원에게 "오늘은 언제쯤 갈 거야?"라고 묻는다거나, 잘 안 씻고 지저분한 직원에게 "웬일이야? 오늘은 옷을 다 갈아입었네?"라고 말해서 에둘러 피드백을 주는 겁니다. 남들은 2차도 가고 3차도 가는데 의리 없이 1차에서 도망가지 마라, 다른 직원에게 불쾌감 주지 않도록 옷은 매일 갈아입어라, 농담 속에 이런 진심을 담은 거지요.

이럴 때 눈치 없는 후배들은 크게 세 부류로 갈립니다. 첫 번째 부류는 그냥 무반응으로 넘겨버립니다. 말 속의 뼈를 알아채지 못하는 거죠. 그 결과는 생각보다 끔찍합니다.

후배에게 뼈 있는 농담을 건넬 때마다 윗분의 머릿속엔 그의 잘못이 두 배로 각인됩니다. 같은 지적을 세 번 이상 했는데도 못 알아들으면 그때부턴 농담이 사라집니다. "너는 원래 그러잖아." 윗분에게 이 말을 들었다면 사형선고를 받은 것과 다름없습니다. 더 이상 가르치거나 고쳐볼 생각이 없다는 거니까요. 저성과자들의 공통점 중 하나가 윗분이 포기한 사람들이라는 겁니다. 원래 그런 사람, 구제 불능, 이런 나쁜 평가들이 누적된 결과 해고라는 극단적인 결론을 맞이하게 되는 것이지요.

두 번째 부류는 방어적인 태도를 보입니다. 윗분의 농담에 정색하고 대드는 거죠. "제가 언제 매번 일찍 갔습니까?"라거나 "저 어제도 옷 갈아입었는데요?"라고 응수하는 겁니다. 뼈에 뼈로 맞서면 윗분은 무안해지고 불편해집니다. 더는 그 후배에게 농담 따위

건네지 않겠죠. "뭘 그렇게 화를 내냐? 무서워서 말도 못하겠네."
윗분이 이렇게 말하는 순간 분위기는 급격히 냉각되고, 그만큼 윗
분과의 거리도 멀어지게 됩니다.

세 번째 부류는 농담을 농담으로 받아칩니다.

"이번에는 서류 안 잃어버렸냐?"

"이번에는 가방을 통째로 놓고 오려고요. 하하하!"

난감합니다. 윗분의 뼈 농담에 이렇게 받아치는 식이라뇨. 그럼
윗분은 '얘가 지금 나랑 놀자는 건가?'라는 생각이 들겠지요. 자칫
잘못하면 예의 없는 사람, 나를 무시하는 싸가지 없는 놈으로 낙인
찍힐 수 있습니다.

뼈 농담에 대처하는
세 가지 방법

─────────── 그렇다면 윗분의 뼈 있는 농담에 어떻게 반
응해야 하는 걸까요? 저는 세 가지 방법을 권하고 싶습니다.

첫째, 우선 나에 대한 윗분의 애정을 신뢰해야 합니다. 윗분이
뼈 있는 농담으로 피드백을 준다는 건 그만큼 애정이 있다는 겁니
다. 아끼는 마음이 없으면 업무 때처럼 드라이하게 지적을 하겠죠.
기분 나쁘다고 곧바로 대들거나 나를 미워한다고 감정적으로 받아
들이는 것은 어리석은 행동입니다. 윗분이 나를 많이 아낀다고 믿

으면 지적받은 것을 고치려는 노력도 훨씬 수월해질 겁니다.

둘째, 뭔가 찝찝하면 주변 사람늘에게 물어봐야 합니다. 농담 속에 뼈가 있는 것 같긴 한데 윗분의 의중이 뭔지 잘 모르겠다면 함께 일하는 동료들에게 물어보는 것이 빠른 길입니다. '너 요즘 회식에 여러 번 빠졌잖아. 그거 때문에 안 좋은 말을 좀 하시더라고. 다음 회식 땐 절대 빠지지 마'라는 식으로 주변 사람들이 윗분의 농담을 간접적으로 통역해주고 해석해줄 겁니다. 잘 모를 땐 상황을 잘 아는 동료들에게 물어서 윗분의 메시지를 파악하는 것이 가장 좋은 방법입니다.

셋째, 만약 윗분의 지적이 오해로 인한 것이라면 반드시 해명해야 합니다. 중요한 메시지일수록 정색하고 해결해야 합니다.

지난번 회식 때는 일부러 도망간 것이 아니라 회를 못 먹어서 일찍 간 것이고, 어제 인사를 못 드린 건 너무 바쁘게 지나가셔서 인사할 타이밍을 놓친 것이고, 원래 잘 안 씻는 게 아니라 요즘 맡고 있는 프로젝트 때문에 며칠 집에 못 들어가서 못 씻은 거라고 분명하게 설명하는 거지요. 중요한 것은 윗분의 뼈 있는 농담이 나쁜 평가로 이어지기 전에 오해를 바로잡아야 한다는 겁니다. 제때 오해를 풀지 못하면 당신은 영원히 윗분에게 회식 때 도망가는 사람, 윗분에게 인사 안 하는 사람, 잘 안 씻는 사람으로 기억될지도 모릅니다.

앞으로 윗분이 농담을 던진다면 '언중유골(言中有骨)'이라는 말을 떠올리기 바랍니다. 겉으론 가볍게 던지는 것 같아도 실은 그 속에 단단한 속뜻이 들어 있을지 모르니까요.

그저 거리를 뒀을 뿐인데 완전히 찍혔어요

온청정성(溫淸定省)
겨울은 따뜻하게, 여름은 시원하게, 밤에는 잠자리를 정하고,
아침에는 안부를 살핀다는 뜻으로, 윗사람을 섬기는 도리를 이름.

시무식이나 종무식에 가보면 보스 가까이에 있는 후배도 있고, 보스에게서 가장 멀리 있는 후배도 있습니다. 밥을 먹을 때나 회식을 할 때도 보스 옆에 찰싹 붙어 있는 직원이 있는가 하면, 보스와 가장 먼 곳에 떨어져 앉는 직원도 있습니다. 보스가 용기 내서 "주말에 뭐 했어?"라고 물으면 구체적으로 길게 답하는 직원이 있는가 하면, "그냥 집에서 쉬었습니다"라고 단답형으로 끝내버리는 직원도 있지요. 문제는 후자에 속하는 후배들이 갈수록 늘고 있다는 겁니다.

윗사람이 무슨 바이러스도 아니고, 무작정 피하려고만 하는 요즘 직장인들을 볼 때마다 안타깝고 마음이 아픕니다. 하늘을 봐야

누가 오래가는가

별을 따고 햇빛을 봐야 나무가 크는 법인데, 자신을 키워줄 윗분과 거리를 두면 그만큼 업무적으로 성장할 기회를 놓치는 것은 물론이고 직장에서 살아남을 확률조차 줄어들게 되니까요.

보스와의 거리는
생존의 바로미터

─────────── 제가 사회 초년생일 때만 해도 보스의 집에 방문하는 것을 굉장한 훈장으로 여겼습니다. 집으로 초대한다는 건 그만큼 나를 인정하고 키워주겠다는 뜻이니까요. 하지만 요즘에는 그렇지가 않지요. 윗사람이 먼저 다가가려고 해도 젊은 후배들은 뒷걸음질 치기 바쁩니다. 어떻게 하면 윗사람과 멀리 떨어질까, 어떻게 하면 윗사람 얼굴을 안 볼 수 있나, 어떻게 해야 윗사람이 나한테 말을 안 걸까, 머릿속으로 이런 궁리만 하는 것 같습니다.

물론 나이 많은 윗분과 가깝게 지낸다는 것이 말처럼 쉽지는 않을 겁니다. 어른들과 어울려본 경험이 거의 없는 요즘 에코 세대에 겐 수학 문제보다 더 어려울 수도 있겠지요. 하지만 어렵고 불편하다고 피하기만 하면 더 큰 문제를 불러올 수도 있습니다. 물리적으로나 심리적으로 어느 정도의 거리를 유지할 필요는 있지만, 함께 일하는 윗사람과 지나치게 거리를 두게 되면 영영 윗사람과 헤어져야 할 수도 있거든요.

퇴근 후에 윗사람에게 술자리에 오라는 문자메시지를 받았을 때 당신의 답변은 어땠습니까?

"오늘은 친구와 선약이 있어서 어렵겠습니다. 다음에 꼭 불러주십시오."

"어디 계십니까? 지금 당장 달려가겠습니다."

이런 두 유형이 모범 답안입니다. 꼭 술자리에 가지 않더라도 이런 한마디가 보스와의 심리적 거리를 확 줄여줍니다.

그런데 보스와 지나치게 거리를 두려는 사람들은 답변 자체를 안 합니다. 가기는 싫고, 안 간다고 하면 혼날 것 같고, 그러니까 아예 휴대폰을 꺼버리는 거지요. 그리고 다음 날 모기 목소리로 이렇게 말하지요. "죄송합니다. 어제는 휴대폰 배터리가 없어서 메시지 확인을 못 했습니다."

당신은 그저 보스와 약간의 거리를 둔 것일지 모릅니다. 하지만 윗분의 생각은 다릅니다. 퇴근 후 연락했는데 답이 없으면 '앞으로 퇴근 후에는 연락하지 말아야겠구나' 이렇게 생각하는 게 아니라, '애가 내 연락을 무시하네? 내가 싫어서 피하는 건가?' 이렇게 생각합니다. 자기에게 반항심이나 적개심을 가지고 있다고 해석하는 거지요.

여기에 다른 직원을 통해 '부장님이 너무 까칠해서 불편하고 힘들다고 하더라고요' 같은 말까지 들으면 네거티브 시너지가 폭발하게 됩니다. 도저히 회복 불가능한 사이가 되는 것이지요.

아랫사람이 먼저
다가가는 것이 도리

——————————— 눈치 빠른 사람은 윗분과 시공간을 공유하기 위해 노력합니다. 윗사람과 자주 만날수록 서로 지시와 보고가 디테일해지고, 수시로 피드백을 주고받아 업무 실행 속도도 빨라지고, 위임받는 권한도 커져 자기 성과가 높아지게 된다는 걸 알기 때문이죠. 반면 윗분을 어렵고 불편하게 생각하는 사람은 매사 침묵으로 일관합니다. 침묵은 불통으로 이어지기 마련이죠. 지시나 보고가 생략되고, 실행이 더뎌지고, 위임의 기회도 줄어듭니다. 그 결과 저성과로 이어지게 되는 겁니다.

자신을 멀리하려는 후배를 굳이 옆에 두려는 보스는 없습니다. 곁을 주지 않는 정도가 아니라, 아예 책상을 치워버리고 싶어지지요. 요즘 같은 저성장 시대에는 기회도 좋습니다. 자신과 거리감이 있는 직원은 저성과자 명단에 올려버리면 그만이니까요. 윗분과 거리가 멀어지면 성장할 기회만 잃어버리는 게 아니라, 목숨까지 위태로워지는 겁니다. 호황일 때는 기회만 없어지지만 저성장일 때는 자리 자체가 사라지는 거지요.

윗사람과 거리를 좁히라는 건 아부하라는 것이 아닙니다. 윗사람에 대한 존경심을 보여주라는 겁니다. 나는 당신을 무시하지 않는다, 나는 당신에게 적의가 없다, 존경심까지는 아니라도 최소한 적개심은 가지고 있지 않다는 것을 적극적으로 표현하라는 겁니다.

회식 때 윗분에게 먼저 다가가 술을 따라드린다거나, 회의 때 윗분과 눈을 맞추고 고개를 끄덕이고 메모하는 모습을 보이면서 윗분에게 노력하고 있음을 충분히 어필하라는 거지요. 굳이 말로 하지 않아도 최소한의 예절 바른 모습만 보이면 윗분은 당신의 마음을 알아챌 겁니다.

윗분들이 가장 싫어하는 세 가지가 있습니다. 윗분의 명령을 따르지 않는 '전월불공(顚越不恭)', 윗분의 허락이나 결재 없이 자기 마음대로 일을 처리하는 '자하거행(自下擧行)', 윗분을 농락하여 분에 넘치는 권력을 휘두르는 '지록위마(指鹿爲馬)'가 그것입니다. 저는 여기에 하나를 더 보태고 싶습니다. 바로 위아래를 구분하지 못하는 '불분상하(不分上下)'입니다.

윗분에게 먼저 고개 숙이고 다가가는 것이 아랫사람의 도리입니다. '온청정성(溫清定省)'이라는 말처럼 윗분을 끊임없이 살피세요.

아랫사람으로서 윗분에게 의지할 것은 의지하고, 도움 받을 것은 받고, 배울 것은 배우고, 혼날 일을 했으면 혼나야 합니다. 아무리 싫은 윗분이라도 먼저 등 돌리거나, 어렵고 불편하다고 무조건 피하는 것은 하수들이나 하는 행동입니다. 당신이 먼저 윗분과의 거리를 좁혀나가는 것, 아랫사람인 당신에게 꼭 필요한 지혜입니다.

때로는 보스도 격하게 외롭고 싶다

구이경지(久而敬之)
사람을 사귄 지 오래되어도 공경으로 대한다는 뜻으로,
오래된 사이일수록 예의를 지켜야 한다는 의미.

벙어리 3년, 귀머거리 3년. 시집살이의 어려움을 이보다 잘 표현한 말도 없을 겁니다. 무슨 말을 들어도 못 들은 척하고, 하고 싶은 말이 있어도 하지 말아야 시집살이를 견딜 수 있다는 것이지요. 회사살이도 마찬가지입니다. 윗분을 모실 때도 수시로 벙어리가 되고 귀머거리가 되어야 합니다. 알아도 모르는 척, 있어도 없는 척, 눈치껏 투명인간으로 변신할 줄 알아야 하지요. 윗분에게 가까이 다가가는 것도 물론 중요하지만, 때로는 윗분과 시공간을 분리하는 능력도 필요하다는 겁니다.

보스도 혼자 있고 싶을 때가 있습니다. 임원이면 자기 방이 있으니까 문을 잠그면 되지만, 부장급은 혼자 골똘히 생각하고 싶은데 그럴 만한 공간이 없지요. 그럴 때 아랫사람은 있어도 없는 척 투명인간이 되어야 합니다. 윗분이 혼자 방 안에 있다고 느낄 수 있도록 자신의 존재감을 철저히 없애버리는 거죠. 윗분이 동굴 안에 들어가 숨고 싶을 때는 숨을 수 있게 해야 합니다. 그것이 윗분에 대한 예의입니다.

함께 차를 타고 가는데 윗분이 부부 싸움을 했다는 말을 꺼냈다고 가정해봅시다. 그럴 때 "사모님이 화가 많이 나셨나봐요" 하며 오지랖 넓게 끼어드는 건 하수나 하는 일입니다. 고수들은 들어도 못 들은 척, 아무 일도 없었다는 듯이 행동합니다. 윗분이 불편함을 느끼지 않도록 프라이버시를 지켜주는 거지요.

투명인간이 되어
곁을 지키는 법

─────────────── 부모 자식 간이나 부부 사이에도 침범하지 말아야 할 프라이버시가 있고, 지켜줘야 할 비밀이 있는 법입니다. 상하 관계가 확실한 상사와 아랫사람 사이는 더하면 더했지 결코 덜하지 않지요. 제자가 스승의 그림자를 밟지 않으려 조금 떨어져 걷듯, 윗분과 친밀한 관계일수록 사적 영역에서 일정한 거리를 유지해야 한다는 겁니다.

이때 필요한 것이 바로 '소멸'과 '망각'의 기술입니다. 없어야 할 때 사라지고, 잊어버려야 할 말은 잊어버리는 거지요. 윗분 옆에 항상 붙어서 일거수일투족 촉각을 곤두세우는 건 하수나 하는 일입니다. 윗분과의 거리를 좁히라는 것은 고목나무에 매미처럼 딱 붙어 있으라는 말이 아닙니다. 윗분이 자신을 필요로 할 때 재빨리 도움을 드릴 수 있도록 지근거리에 있으라는 거지요. 윗분이 자신을 필요로 할 때와 사라져줬으면 하는 때를 정확하게 구분할 수 있어야 합니다.

열두 시간 비행기를 타고 가야 하는데 업무상 중요하게 논의할 것도 없으면서 윗분 옆자리에 앉는 건 예의가 아니죠. 윗분 앞자리에 앉아서 윗분이 편하게 쉴 수 있도록 배려하는 것이 윗분 모시기의 정석입니다. 등산 못하는 윗분이 허덕거리는 모습 보이기 싫어서 "먼저 올라가라"고 하면 잽싸게 "조금 있다가 정상에서 뵙겠습니다" 하면서 뛰어 올라가는 것이 윗분을 바르게 모시는 방법입니다. 윗분이 사적인 통화를 할 때는 그 앞에 우물쭈물 서 있지 말고 윗분이 안 보이는 곳으로 가는 것이 아랫사람의 도리인 겁니다.

모든 만남은 재미가 있거나 답이 있거나 둘 중 하나는 반드시 있어야 합니다. 1+1의 결과가 3이 되는 만남이어야 합니다. 1+1의 결과가 물음표면 차라리 안 만나는 게 낫습니다. 보약 같은 존재가 되지 못할 바엔 눈에서 멀어지는 것이 지혜로운 선택입니다. 눈에서 멀어지면 마음도 멀어진다지만, 윗분과는 살짝 아쉬울 정도로 공백을 두는 것이 때로는 필요합니다. 정말 필요한 순간에 나타나서 자신의 존재감을 극대화하는 전략이 필요한 것이지요.

친한 사이일수록
예의를 지켜라

──────────── 나만 소멸되고 잊어버린다고 끝이 아닙니다. 윗분을 소멸시켜야 할 타이밍도 잘 알아야 합니다. 아직 윗분에게 말씀드릴 준비가 안 됐거나, 미해결 상황이거나, 현안이 첨예할수록 윗분 보고는 미루는 것이 좋습니다. 회의라고 해서 무조건 처음부터 윗분을 모시는 것은 예의가 아니죠. 논의가 무르익을 즈음 참석하도록 해서 핵심 메시지만 보고하는 요령이 필요합니다. 윗분을 잠시 소멸시킴으로써 윗분의 시간도 절약하고 공은 공대로 가져가도록 배려하는 것이지요. 적재적소에 소멸과 망각의 기술을 적용해서 윗분의 가치를 높일 줄 알아야 합니다.

'구이경지(久而敬之)'라는 말을 들어본 적이 있을 겁니다. 오래된 사이일수록 예의를 지켜야 한다는 뜻이지요. 오랫동안 윗분을 모시며 인간적으로 친밀해지다 보면, 자칫 도를 넘어 예의를 잃게 됩니다. 실력이 없으면 키우면 되지만, 예의가 없는 건 답이 없지요. 그래서 저는 '구이경지'를 '친(親)이경지'로 바꿔 말하곤 합니다. 친한 사이일수록 예의를 잊지 말아야 하기 때문입니다.

오랫동안 지근거리에서 모신 윗분은 당신에게 다시없을 큰 자산입니다. 자산을 지키는 방법은 예의를 지키는 것이지요. 가까운 윗분에게 예를 다하는 것, 전쟁터 같은 직장에서 당신을 지켜줄 또 하나의 동아줄입니다.

보스가 삐치면 내 인생도 피곤해진다

제궤의혈(堤潰蟻穴)
개미구멍으로 마침내 큰 둑이 무너진다는 뜻으로,
작은 일이 큰 화를 불러온다는 의미.

윗분들은 대부분 완벽주의자입니다. 강박증이 의심될 만큼 걱정이 많고 쇠고집이라 할 정도로 자존심이 세지요. 게다가 어찌나 예민한지, 후배들의 사소한 행동 하나하나에 신경을 쓰곤 합니다.

업무 지시를 했는데 뚱한 표정을 짓는 후배를 보면 자기 말을 못 알아들었나 불안해하고, 회의 중에 뭔가 열심히 적긴 하는데 눈빛이 멍한 후배를 보면 제대로 일하고 있는 건지 의심합니다. 침을 튀겨가며 중요한 이야기를 하는데 관심 없다는 표정으로 휴대폰을 만지작거리는 후배를 보면 그야말로 분노 폭발이죠. 아무 생각 없이 무의적으로 하는 행동들이 윗분 눈에는 일할 마음이 없다는 신호로 해석되기 때문입니다.

화성에서 온 상급자
금성에서 온 하급자

──────────── 윗분도 사람이니 아무것도 아닌 일에 기분 나쁠 때가 있고, 별일 아닌데도 삐칠 때가 있습니다. 옆 부서에선 팀장 생일 때 케이크에 촛불 켜고 난리였는데, 자기 생일 때는 핸드크림 하나가 전부라면 얼마나 속상하겠습니까. 전체 회의에서 옆 부서 직원들은 앞다퉈 자기들 팀장 칭찬을 하는데, 자기 부서 직원들은 꿔다 놓은 보릿자루처럼 입을 꾹 다물고 있으면 얼마나 얄미울까요. 옆 부서 팀장에게 후배들 칭찬 열심히 하고 돌아왔는데 자기만 빼고 점심 먹으러 간 걸 알게 되면 역장이 무너지겠죠.

다른 사람에겐 아무렇지도 않은 행동이 윗분에겐 심하게 거슬릴 수도 있지요. 남의 윗분은 애교 많은 직원을 좋아하는데 나의 윗분은 혀 짧은 소리를 극도로 혐오할지 모릅니다. 회의 중에 필기하는 직원을 성실하다고 평가하는 윗분이 있는 반면에, 노트에 끄적거리는 건 집중하지 못하기 때문이라고 생각하는 윗분도 있지요. 사람마다 좋아하고 싫어하는 리액션이 각기 다른 겁니다. 마치 '화성에서 온 윗분, 금성에서 온 후배'처럼 전혀 다른 별에서 살고 있는 거지요.

후배의 큰 실수는 차라리 화내고 나면 금방 잊히는데, 말로 꺼내기 치사한 작은 실수는 두고두고 마음에 남지요. 체면이 있으니 그런 사소한 일로 지적은 못 하겠고, 그렇다고 그냥 넘어가자니 분이 안 풀리고, 자신이 그런 사소한 일에 삐쳤다는 것에 더 화가 납니다. 기껏 용기 내서 왜 삐쳤는지 힌트를 줬는데 후배가 그걸 알아채지 못하면 무시당한 것 같아서 삐침은 더욱 커집니다. 그래서 작은 삐침일수록 길고 오래가는 겁니다.

문제는 이렇게 사소한 것들이 쌓이고 쌓이면 큰 화로 이어질 수 있다는 겁니다. 개미구멍 때문에 큰 둑이 무너진다는 '제궤의혈(堤潰蟻穴)'이라는 말처럼, 윗분을 삐치게 하는 사소한 실수들이 어느 순간 당신의 직장 생활을 지옥으로 바꿀 수도 있습니다. 엉뚱한 일에 분풀이를 하는 식으로 윗분이 업무 평가, 인사고과, 하다못해 휴가 일정 조율까지 모든 영역에 사사건건 훼방을 놓을 수 있다는 거지요. 윗분도 사람이니까 삐치면 말도 안 되는 억지를 부리는 겁니다.

만약 특별히 큰 실수를 안 했는데도 어느 순간부터 나를 보는 윗분의 눈빛이 험악해졌다면 나의 무의식적인 행동이 윗분을 삐치게 한 건 아닌지 의심해봐야 합니다. 나도 모르게 윗분을 적으로 돌리고 있는 건 아닌지 꼼꼼하게 점검해볼 필요가 있는 거지요.

박카스와 초콜릿이
필요한 날

─────────── 윗분이 삐친 것이 확실하다면 앞으로 당신이 해야 할 일은 딱 하나입니다. 무조건 윗분을 웃게 만드는 겁니

다. 같이 밥 먹으면서 "팀장님, 오늘 넥타이가 정말 잘 어울리세요"라고 립 서비스를 한다든지, 식곤증이 몰려올 때쯤 커피 한 잔을 책상 위에 올려놓으며 "오늘 너무 피곤해하시는 것 같아서 사 왔어요. 힘내세요!"라며 오그라드는 멘트를 던지는 거지요.

삐침은 그냥 두면 오래가지만, 대신 깊지 않아서 조금만 노력하면 금방 풀립니다. 작은 정성이라도 윗분에 대한 존경을 표현하면 비뚤어진 마음을 어느 정도 되돌릴 수 있지요. 살짝 베인 상처에 붕대를 감으면 오히려 덧나는 것처럼, 작은 삐침을 정색하고 풀려고 하면 사이만 어색해지고 엇박자가 날 수 있습니다. 윗분이 삐쳤다 싶을 때는 낯 뜨거운 멘트나 커피 한 잔처럼 일회용 밴드가 최고입니다.

제때 치료하면 금방 나을 수 있는 작은 상처도 오랫동안 방치하면 큰 상처가 되듯이, 윗분의 작은 분노도 그냥 방치하면 나중에 심각한 결과를 초래할 수 있습니다.

윗분도 우리처럼 불완전한 존재입니다. 사소한 일에 삐친다고 욕하면 상황을 더 악화시킬 뿐입니다. 윗분과의 사소한 갈등이 계속되는 한 절대로 고성과를 낼 수 없습니다. 그러니 지금부터라도 윗분의 입장에 서서 그 마음을 헤아려보세요. 윗분의 삐침을 머리가 아닌 마음으로 이해해보세요. 그러면 윗분의 마음을 사로잡을 지름길까지 발견할 수 있을지도 모릅니다.

술자리에서 살아남는 나만의 노하우

약롱중물(藥籠中物)
약장 속의 약이라는 뜻으로,
꼭 필요한 인물을 의미함.

회사 생활은 크게 두 가지로 이루어져 있습니다. 같이 일을 하는 것, 그리고 같이 밥 또는 술을 먹는 것. 많이 줄었다곤 하지만 회식은 여전히 직장인의 제2의 업무로 통합니다. 하지만 누구도 신입사원에게 술자리에서 지켜야 할 주도를 가르쳐주지 않지요. 어리숙하게 상사가 따라주는 술잔을 연거푸 비우다가 눈 뜨고 못 봐줄 주사로 미운털이 박혀 고단한 직장 생활을 이어가는 후배가 한둘이 아닙니다. 그래서 아낌없이 공개하려 합니다. 제가 직접 몸으로 부딪쳐 깨달은 생존 음주 노하우 세 가지를요.

술자리에서 반드시
피해야 할 세 가지

──────────── 첫 번째 노하우는 수단과 방법을 가리지 말고 절대 안 취하는 겁니다.

공자는 주량이 꽤 센 편이었다고 합니다. 술을 전혀 못 마시는 사람도 그리 좋아하지 않았지요. 하지만 그는 주도가 확실했습니다. 『논어』「향당편(鄕黨篇)」에는 공자의 술 마시는 법도에 대해 이렇게 적혀 있습니다. "정해진 주량은 없었지만 취해서 흐트러지는 데까지 이르지 않으셨다." 항상 맑은 정신으로 술을 즐겼다는 뜻이겠지요.

상사들과의 술자리에서 지켜야 할 주도의 제1원칙도 이와 같습니다. 술을 마시되 절대 취하도록 마시지는 말라는 겁니다. 술에 취하면 주사가 고개를 빼꼼 내밉니다. 곯아떨어져 자는 사람, 했던 얘기 또 하는 사람, 술이 술을 마시는 사람, 옆 사람을 더듬는 사람 등등 별의별 주사가 다 등장하지요. 그리고 일단 주사가 시작되면 그 끝은 반드시 '어글리 엔딩'이 되기 마련입니다. 하지 말아야 할 말을 하거나, 해서는 안 되는 행동을 하거나, 자칫 대형 사고를 일으키기도 하지요.

윗분이 "괜찮아, 한 잔만 더 해"라거나 "오늘은 죽도록 마셔보자"라고 꼬드겨도 절대 넘어가면 안 됩니다. 윗분 말에 속아서 진짜 죽도록 마시면 낭패 보기 십상이거든요. 윗분은 술자리를 즐기

되 술에 취하는 건 좋아하지 않습니다. 누구 하나 다치기라도 하면 전부 당신 책임이니까요. 먹고 죽자는 윗분의 농담을 진담으로 받아들이고 술잔을 들이켜는 순간, 당신은 술 마시는 법도 모르는 하수가 되는 겁니다.

윗분이 "자네 술 좀 마실 줄 아나?"라고 묻는 건 주량이 궁금해서가 아닙니다. 술을 얼마나 많이 마시느냐가 아니라 취하기 전에 멈출 줄 아느냐는 물음인 거지요. 술을 마시고도 안 취하는 것이 진짜 실력입니다. 술을 몰래 버리든, 화장실에 가서 토하든, 술 덜 취하는 약을 챙겨 먹든, 수단과 방법을 가리지 말고 취하지 말아야 합니다.

두 번째 노하우는 술자리에서 중요한 협상이나 딜은 피하는 겁니다.

술을 마시면 정신이 흐릿해지고 판단력이 떨어집니다. 이런 상태에서 진지하고 심각한 이야기를 꺼내는 건 위험한 행동이죠. 평소 안 풀리던 문제를 술의 힘을 빌려 해결하려다가 오히려 술 때문에 상황이 더 꼬일 수도 있으니까요. 회식 자리에서 업무 이야기를 꺼냈다가 좋은 결과를 얻은 경우는 한 번도 본 적이 없습니다. 진지하고 심각한 주제는 술자리에서 오갈 이야기가 아니라는 겁니다.

하지만 반드시 해야겠다면 술자리 초반에 꺼내보세요. 술잔이 두 번 돌기 전에 이야기를 던져야 합니다. 내일 다시 얘기해보자거나 윗분과 상의해보겠다거나, 뭔가 해결의 물꼬를 텄다면 그것으로 만족하고 욕심을 내려놔야 합니다. 그리고 또 하나, 업무 이야기는 한 번으로 족합니다. 혹시 윗분이 못 들었을까봐 여러 번 반복했다간 주사로 오해받을 수 있습니다. 흥겨운 분위기를 깨는 주범으로 낙인찍힐 수도 있지요. 진지한 이야기일수록 술자리가 아니라 진지한 분위기에서 진지한 말투로 꺼내는 것이 정답입니다.

삼성그룹 119 캠페인에서 배워야 할 점

─────────── 세 번째 노하우는 술 마신 다음 날엔 무조건 일찍 출근하는 겁니다.

윗분은 전날 같이 술 마신 게 면죄부라도 되는 것처럼 보란 듯이 지각하는 후배들을 가장 싫어합니다. 다른 날은 지각해도 상관없지만 회식 다음 날은 절대 금물입니다. 자기 관리 못하는 사람, 체력이 약한 사람, 군기 빠진 사람, 온갖 부정적인 수식어들이 당신을 따라다닐 테니까요.

회사는 회식을 권하지만 과도한 음주는 '노땡큐'입니다. 과음은 다음 날 업무에 지장을 초래하고, 그만큼 손실이 생기기 때문이죠. 삼성그룹이 2012년부터 시행 중인 이른바 '119 캠페인'은 한 가지 술로 1차만 마시고 오후 9시 전에 술자리를 끝내자는 캠페인으로, 숙취로 인한 업무 정체를 없애는 것이 주된 목적입니다. 책임감 없고 회사에 누를 끼치는 직원으로 찍히고 싶지 않다면 술 마신 다음 날 이른 출근이 무조건 옳습니다.

'약롱중물(藥籠中物)'이라는 말이 있습니다. 약장 속의 약이라는 뜻으로, 꼭 필요한 사람을 가리키는 말이지요. '보스 전략'을 한마디로 말하면 약장 속의 약처럼 보스에게 없어서는 안 될 사람이 되자는 겁니다.

특히 술자리는 윗분에게 자신의 존재 이유를 확실하게 각인시킬 수 있는 무대라고 해도 과언이 아닙니다. 술을 마시되 결코 취하지 않고, 다음 날 이른 출근으로 일에 대한 열정을 보여주는 것. 당신에게 꼭 필요한 '음주법'입니다.

비즈니스 캐주얼은 있지만, 캐주얼 비즈니스는 없다

신언서판(身言書判)
중국 당나라 때 관리 등용의 네 가지 기준이었던
신수, 말씨, 문필, 판단력을 이름.

젊은 직장인들이 워너비 일터로 손꼽는 가장 대표적인 곳이 구글입니다. 그럴 만도 하지요. 세계적 수준의 높은 연봉은 기본이고, 수영장과 헬스장, 수면실 등 호텔 부럽지 않은 복지시설을 두루 갖춘 데다, 사내 매점과 식당에서 먹고 마시는 모든 것이 공짜로 제공되니까요. 그중에서도 젊은 세대의 취향을 제대로 저격한 것은 바로 자유로운 복장입니다.

샐러리맨은 흰 와이셔츠와 검은색 양복이 당연하던 시절, 찢어진 청바지를 입고 슬리퍼를 끌며 출근하는 구글 직원들의 모습은 가히 충격이었습니다. 자유로운 복장이라고 해봐야 넥타이 풀어헤치는 것이 전부였던 한국의 직장인들에게 구글은 그야말로 꿈의 일터였죠. 그때와 비교하면 요즘 젊은 직장인들의 출근복은 상당히 유연해진 편입니다. 고객을 만날 일이 없는 업종은 어느 정도 편하게 입을 수 있으니까요. 청바지와 슬리퍼까지는 아니지만 티셔츠에 면바지 정도는 봐주는 회사들이 제법 많아졌습니다.

하지만 샐러리맨에게는 여전히 비즈니스 룩이 불문율입니다. 일주일에 하루 정도 편하게 입어도 되는 캐주얼 데이를 도입한 회사가 많다지만, 하얀색 셔츠와 검은색 양복의 룰은 절대 사라지지 않지요.

왜 그럴까요? 직장인의 복장은 단순한 패션이 아니라 조직의 문화이기 때문입니다. 정해진 옷을 입고 일한다는 것은 정해진 룰에 따라 업무에 몰입하여 기대하는 성과를 내겠다는 충성의 약속이기 때문입니다. 철새들이 목적지까지 안전하게 도달하기 위해서는 누구 하나 흐트러짐 없이 일렬로 날아가야 하는 것처럼, 직장인들도 원하는 성과를 거두기 위해서는 일탈하는 사람 없이 정해진 규칙에 따라 업무에 집중해야 한다는 것이지요.

무엇을 입느냐가
어떻게 일하느냐를 결정한다

─────────── 요즘 젊은 직장인들의 드레스 코드는 한마디로 비즈니스 캐주얼입니다. 보기에도 갑갑한 비즈니스 룩 대신

에 적당한 범위 안에서 자유롭게 개성을 표현할 수 있는 스타일을 선호하는 것이지요. 상의는 단정한 재킷에 하의는 면바지를 입는 식이지요. 하지만 운동화를 신는다거나, 심지어 아웃도어 룩을 입는 것은 비즈니스 캐주얼 범위를 벗어나는 겁니다.

엄밀히 말하면 패션은 캐주얼해질 수 있어도 비즈니스는 캐주얼해질 수 없기에, 비즈니스를 해야 하는 직장인은 복장에서도 어느 선은 지켜야 합니다. 구글은 정장을 입지 않아도 진지하게 일할 수 있다고 외치지만, 윗분들의 생각은 다릅니다. 젊은 세대는 비즈니스 룩을 답답해하지만 윗분들에게 그 답답함은 곧 업무에 대한 긴장이고 몰입입니다. 소식 문화로의 동화이고 협업의 증기이기도 하지요. 직장인에게 옷은 조직에 대한 충성과 업무에 대한 몰입을 보여주는 바로미터라는 겁니다.

영화 〈악마는 프라다를 입는다〉에서 앤 해서웨이가 분한 주인공 앤디 삭스는 처음에는 명품 옷과 구두에 집착하는 패션지 직원들을 도무지 이해하지 못합니다. 중요한 것은 내면인데 겉모습으로 사람을 평가하는 그들을 조롱하기도 하지요. 그랬던 그녀가 편집장 미란다와 조금씩 공감대를 형성하면서 서서히 복장을 갖춰 입기 시작합니다. 명품에 눈을 뜬 게 아니죠. 무엇을 입느냐가 곧 어떻게 일하느냐를 결정한다는 것을 알게 된 겁니다. 형식이 내용을 지배할 수도 있다는 진리를 깨달은 거지요.

몰개성을 말하는 게 아닙니다. 컬러 와이셔츠나 튀는 색깔의 넥

타이 정도는 윗분들도 귀엽게 봐줍니다. 자신만의 개성을 표현하는 작은 패션 악센트는 얼마든지 용인됩니다. 다만 지켜야 할 기본이 있다는 거지요. 아무리 자유로운 조직 문화를 가진 기업이라도 고객 접대나 중요한 행사 자리에선 정장을 갖춰 입는 것처럼, 회사에서 요구하는 기본적인 형식을 갖추라는 겁니다.

제 경험상 비즈니스 캐주얼이라 함은 상의는 셔츠에 재킷을 입는 겁니다. 바지는 면바지를 입어도 되고요. 대신 운동화는 신지 않는 게 좋습니다. 가끔 비즈니스 캐주얼을 입으랬더니 아웃도어 룩을 하고 오는 눈치 없는 친구들이 있는데, 그건 좀 곤란합니다. 그냥 '캐주얼'이라고 하지 않고 '비즈니스 캐주얼'이라고 부르는 이유는 그 옷을 입고 비즈니스를 할 수 있어야 된다는 의미입니다. 그날 만날 사람, 그날 있을 일정, 그날 방문할 장소를 모두 생각해서 언제 어디에서 누구와도 어색하지 않게 비즈니스를 할 수 있는 캐주얼을 입으라는 말이죠.

매년 여름이 되면 쿨비즈(Coolbiz) 룩이 유행처럼 번집니다. 그러다가 '반바지 열사'가 탄생하기도 하지요. 물론 시원하게 입는 것은 권장할 만한 일이지만, 때와 장소를 망각한 '동네 산책 패션'은 지양해야 합니다.

진짜 멋쟁이는
TPO를 입는다

─────────── 어느 유명한 패션 컨설턴트가 이런 말을 했습니다. 비즈니스 캐주얼이라고 우기며 애매하게 입지 말고, 정장은 정장답게 입으라고요. 진짜 멋쟁이는 TPO(시간, 장소, 상황)에 맞춰서 입는다면서요. 운동할 땐 아웃도어 룩을 입고, 수영할 땐 수영복을 입고, 잠을 잘 땐 잠옷을 입는 것처럼 비즈니스를 할 땐 비즈니스 룩을 갖춰 입는 것이 진짜 멋이라는 거지요.

중국 당나라 때 관리를 등용하는 네 가지 기준이 있었답니다. 신인시판(身言書判), 즉 신수와 말씨와 문필과 판단력이었답니다.

뒤의 세 가지는 그럴 만한데, 관리 등용에 신수 즉 용모와 풍채를 따졌다니 선뜻 이해가 되지 않을 겁니다. 얼굴로 일하는 것도 아닌데 말이죠. 하지만 여기서 말하는 용모는 단순히 잘생겼냐 아니냐가 아닙니다. '신수가 훤하다'는 말에서 알 수 있듯이 얼굴에 화색이 돌고 건강해 보이는 사람을 선호했다는 거지요. 단정한 몸가짐과 활력 넘치는 외모를 가진 사람이 일도 잘한다고 생각한 겁니다.

따라서 직장인들이 챙겨야 할 것은 복장만이 아닙니다. 머리부터 발끝까지 건강하고 깔끔하게 관리해야 자신의 능력과 매력을 돋보이게 할 수 있습니다. 보이는 매력을 무시하지 말고 항상 용모를 단정하게 관리해서 신수가 훤해지도록 노력해보는 건 어떨까요. 직장인들에겐 외적인 매력도 훌륭한 자산이 되는 법이니까요.

사시사철 봄바람 불어야 오래간다

사면춘풍(四面春風)
사면이 봄바람이라는 뜻으로, 언제 어떤 경우라도
좋은 낯으로 남을 대함을 이름.

회사 생활을 한마디로 표현하면 고행의 연속입니다. 어렵고 복잡한 일들을 계속해서 해결해간다는 것은 말처럼 쉬운 일이 아니지요. 전쟁터 군인처럼 끊임없이 외상과 내상에 시달려야 하고, 때로는 회복하기 어려운 상처를 입기도 합니다. 웬만큼 버티는 힘이 없으면 중간에 포기하기 십상입니다. 특히 지금 같은 저성장 시대에는 버티는 것도 녹록지 않지요. 그 어느 때보다 맷집이 절실한 시기입니다.

미국 유학 시절에 권투를 배운 적이 있습니다. 멋지게 때리기만 하는 줄 알았더니 때리는 훈련은 절반뿐이고, 나머지 반은 맞는 연습을 시키더군요. 상대에게 안 맞고 권투 시합을 할 수는 없으니까

맞는 훈련을 통해 맷집을 키우는 겁니다. 그러면서 깨달은 것이 있는데, 맷집을 키우려면 방금 맞은 부위의 통증을 빨리 잊어야 한다는 겁니다. 그래야 다음 고통을 견딜 수 있거든요.

그리고 신기하게도 맞을수록 맞는 것에 자신이 생기더군요. 그제야 때릴 자신도 생기고요. 맞는 것이 두려우면 방어하기 바쁘지만, 맞는 것이 아무렇지 않으면 버티는 힘이 강해지면서 때릴 용기가 생기는 겁니다. 맷집이 강할수록 펀치력도 강해지는 거지요.

무조건 많이 맞는다고
맷집이 세질까

──────────── 회사 생활이 딱 그렇습니다. 회사 생활을 하다 보면 수많은 실패와 굴욕을 겪게 됩니다. 최선을 다해도 성과가 낮거나 평가가 낮거나 승진에서 누락되거나 부서가 합병돼 존재감 없는 낙동강 오리알 신세가 되기도 합니다. 그럴 때 맷집이 약한 사람은 비껴 맞은 한 방에도 녹다운이 됩니다. 버티는 힘이 약하면 상대가 강력한 펀치를 날리는 척만 해도 다리가 풀려서 주저앉고 말지요.

반면에 맷집 좋은 직원은 세게 한 방 얻어맞아도 오뚝이처럼 금방 일어납니다. 문전박대 당해도 굴하지 않고 계속 문을 두드려서 결국은 원하는 결과를 얻어내지요. 협업 부서에서 엄청나게 깨졌는데도 이렇게 말하며 오히려 여유 있는 모습을 보입니다.

"일이라는 게 다 그렇죠. 괜찮습니다."

모두가 안 된다고 하는데 "한번 해보시죠. 못 할 게 뭐가 있습니까"라며 오히려 윗분에게 힘을 북돋워줍니다. 이러니 맷집 좋은 사람이 윗분의 사랑을 독차지할 수밖에 없습니다. 맷집이 세다는 것은 실패와 좌절을 이겨내는 힘이 세다는 것이고, 윗분의 지시를 끝까지 실행하는 힘이 강함을 뜻하니까요.

직장인의 만능 키인 맷집을 키우려면 어떻게 해야 할까요? 무조건 많이 맞으면 맷집이 생기는 걸까요? 꼭 그렇지는 않습니다. 그러다가 KO 당하면 맷집 좋다고 하지 않지요. 젊어 고생은 늙어 병이 된다고, 너무 자주 맞으면 골병만 들 뿐입니다.

그렇다면 어떻게 해야 할까요? 맞고 난 후에 통증을 빨리 회복하는 방법을 찾아야 합니다. 괴로움을 이겨보겠다고 안간힘만 쓸 게 아니라, 몸과 마음의 평화를 되찾기 위해 필요하다면 유턴도 하고 후퇴도 하고 휴식도 취하는 겁니다.

제가 아는 정신과 의사가 해준 말인데, 정신이 건강한 사람은 마음속 유턴을 주저하지 않는다고 합니다. 아니면 말고, 이러면서 금세 다른 길을 찾는다는 거지요. 반면, 정신력이 약한 사람들은 눈앞의 문제를 어떻게든 해결해보려고 걱정하고 고민하고 고생을 사서 하다가 결국 마음의 병을 얻게 된다고 하네요. 너무 곧으면 부러지는 것처럼 무조건 극복하고 이겨내려는 것만이 능사는 아니라는 겁니다.

보스에게 심하게 깨져서 큰 상처를 받았을 때 보스를 이겨보겠다고 덤비는 건 하수의 일입니다. 나를 개인적으로 미워해서 화낸 것이 아님을 상기하고, 윗분이 나에게 잘해준 기억을 떠올리면서 마음을 다스리는 것이 진짜 맷집이지요. 윗분을 맷집 좋게 대한다는 것은 싸워서 이기는 것이 아니라, 지금의 상황을 이겨낼 힘이 있음을 보여주는 것입니다. 심하게 혼난 다음 날 새로 쓴 보고서를 들고 와서 '제가 부족했습니다. 죄송합니다. 새벽까지 고쳐봤는데 한번 봐주십시오', 이렇게 말하면 윗분은 두 손 두 발 들 수밖에 없습니다. 싸우지 않고도 이기는 능력이 바로 맷집인 것이지요.

진짜 맷집은 인내가 아니라
빠른 회복력이다

─────────── 권투 선수들은 시합 전에 상대 선수의 전력을 분석하고 약한 부분을 찾아냅니다. 누구나 작은 공격에도 쉽게 허물어지는 곳이 있기 마련이니까요. 그런데 더 중요한 건 자신의 약점을 먼저 아는 겁니다. '유리 턱' 같은, 한 방에도 쓰러지는 자신의 취약점이 어딘지 알아야 방어도 공격도 가능한 법입니다.

누구나 그렇듯이 저에게도 업무 유리 턱이 있었습니다. 그것 때문에 잔소리 듣기가 죽기보다 싫어서 거의 매일 밤을 지새우며 일했지요. 그랬더니 어느 순간부터 칭찬을 더 많이 듣게 되더군요. 유리 턱을 보호하려고 노력하다 보니 도리어 그것이 강점으로 바뀐 겁니다.

하지만 그게 어디 쉽나요. 하루아침에 유리 턱이 강철 턱으로 바뀌는 것도 아니고, 그렇다고 매번 턱 앞에 가드를 올리고 살아갈 수도 없습니다. 그래서 맷집이 필요한 것이지요. 어쩌다 유리 턱을 맞았다면 회복될 때까지 자신만의 힐링 타임을 갖는 겁니다. 유리 턱을 맞지 않도록 최대한 방어하되, 일단 한 방 맞았다면 복원될 때까지 자신을 기다려주는 겁니다. 회복되길 기다리지 않고 다시 시합에 나서면 유리 턱이 유리 가루가 돼서 영영 링 위에 서지 못할지도 모릅니다.

무협 소설을 보면 내공 높은 사람들이 자상을 스스로 고치는 이야기가 등장합니다. 실제로 성공한 윗분들을 보면 자기 치유력이 대단합니다. 경쟁자가 먼저 승진해도 진심으로 축하해줍니다. 배 아파하면서 적개심을 보이는 건 자기치료에 실패했다는 것을 뜻합니다. 맷집이 약하다는 거지요.

맷집이 약하면 윗분에게 나쁜 평가를 받을 확률이 높아집니다. 보고서 때문에 혼나서 마음에 깊은 상처를 받았는데, 이때 맷집이 약하면 소심한 복수를 하기 마련이거든요. 예를 들면 윗분이 웃긴 이야기를 해도 혼자만 안 웃고, 윗분이 말 시키면 군인처럼 '다나까'로 건조하게 대답하며 거리를 두고, 회식 자리에 늘 빠지거나 일찍 빠져나오고, 만나는 사람마다 윗분 험담을 하는 겁니다.

혼나서 상한 감정은 시간이 지나면 풀릴 일인데 그 순간 반응하는 건 하수나 하는 행동입니다. 하수는 결코 좋은 평가를 받을 수 없지요. 그릇이 작구나, 멘털이 약하구나, 소심하구나, 잘하라고 혼낸 건데 그때마다 삐치니 앞으로 업무 이야기는 안 해야겠구나, 생각하며 윗사람은 그 즉시 마음을 닫아버리고 그 직원에게 절대로 중요한 업무를 안 맡깁니다. 저성과자로 가는 지름길이지요.

'사면춘풍(四面春風)'이라는 말을 들어봤을 겁니다. 사면이 봄바람이라는 뜻으로, 언제 어떤 경우에도 좋은 낯으로 남을 대하는 것을 뜻합니다. 미국에도 이와 비슷한 뜻으로 '비즈니스 스마일(Business Smile)'이라는 용어가 있지요. 동서양을 막론하고 직장 생활의 기본은 윗분에게 봄처럼 따뜻한 표정을 짓는 겁니다. 윗분을 향한 미소가 늘어날수록 당신의 맷집도 무럭무럭 자란다는 사실을 잊지 마세요.

회사원, 당신의 꿈은 무엇입니까

입사 면접에서 절대 빠지지 않는 단골 질문들이 있지요.

"당신의 꿈은 무엇입니까?"

"우리 회사에 들어와서 꼭 하고 싶은 일은 어떤 건가요?"

"앞으로의 계획은 뭐죠?"

말은 달라도 같은 질문입니다. 꿈이 뭐냐는 거지요. 입사 후에도 잊을 만하면 꿈 질문이 튀어나옵니다. 윗분들이 후배들에게 즐겨 묻거든요. "자네는 꿈이 뭔가?"라고요.

면접 때야 일단 합격하고 봐야 하니까 모범 답안을 말합니다. 회사와 함께 성장하고 싶다고, 남들보다 더 큰 성과를 올리고 싶다고 말이죠. 영업 사원이라면 '판매왕'이 되고 싶다고 할 것이고, 무역 회사 지원자라면 새로운 해외시장 개척이 꿈이라고 말할 겁니다. 면접관들이 좋아할 만한 정해진 답을 하는 거지요.

하지만 입사 후에 윗분에게 꿈 질문을 받으면 여간 당혹스러운 게 아닙니다.

회사 밖에서 꾸는 꿈은
모두 오답이다

──────────── 윗분은 꿈이 뭐냐고 왜 묻는 걸까요? 확인하고 싶은 겁니다. 회사에 오래 남이 있을 사람인지 아닌지, 일에 대한 의지와 열정이 있는지 없는지, 먹고살려고 회사에 나오는 건지 아니면 면접 때 했던 말처럼 회사와 함께 성장하고 싶어서 출근하는 건지, 그 사람의 진짜 속마음을 알고 싶은 겁니다.

이걸 모르고 많은 직장인이 애먼 답변만 늘어놓지요. 좋은 아빠가 되고 싶어요, 돈 많이 벌어서 카페 차리는 게 꿈이에요, 언젠가 기회가 되면 해외에 나가서 새로운 공부를 해보고 싶어요, 이렇게 점수 깎아먹는 이야기만 합니다.

윗분이 궁금한 건 사적인 계획이 아닙니다. 좋은 아빠가 되고 싶다는 건 부모님께 할 이야기지, 비즈니스 파트너에게 할 말은 아니지요. 회사 밖 꿈도 오답인 건 마찬가지입니다. 카페 사장이 꿈이라는 건 업무에 집중하지 못하고 계속 딴생각 중이라고 고백하

것과 다름없습니다. 해외 유학이 꿈인 사람은 조만간 사표 내고 도망갈 계획을 품고 있는 거지요. 세계 여행이 꿈이라는 사람은 아무리 열심히 일해도 여행 자금 벌려는 걸로만 보입니다. 회사 밖 꿈은 모두 오답인 거지요.

그럼 모범 답안은 무엇일까요? 어느 날 한 후배에게 꿈이 뭐냐고 물었더니 이렇게 답하더군요. "우리 회사 사장이 될 겁니다." 다들 치킨집 사장이 될 거라는 둥 우스갯소리를 하는 와중에 혼자만 저렇게 진지하게 답변하는 것이 신선한 충격이었습니다. 나는 저 나이 때 어떤 꿈을 꿨던가, 반성이 되면서 아랫사람이지만 약간의 경외감마저 들더군요.

그다음부턴 그 후배가 달리 보이기 시작했습니다. 조금만 일을 열심히 해도 사장이 되기 위해 노력하는구나 싶더군요. 너무도 자연스럽게 그 친구가 사장이 될 수 있도록 하나라도 더 가르쳐주고 싶은 마음도 들었고요. 가령 사장이 되려면 영어를 잘해야 하는데 실력이 부족해 일부러 해외 출장을 자주 보냈지요. 저도 모르게 그 친구의 꿈을 돕는 조력자 역할을 자임한 겁니다.

보스는
내 꿈의 조력자

──────── 꿈은 구체적이어야 하며, 소문낼수록 실현

가능성이 커집니다. 그래야 내 꿈을 도와주는 수호천사들이 생기니까요. 회사 안에서 꿈을 꾸면 상사가 내 꿈의 조력자가 됩니다. '장수선무(長袖善舞)'라는 말이 있습니다. 소매가 길면 춤을 잘 출수 있다는 뜻으로, 조건이 좋은 사람이 유리하다는 의미입니다. 윗분이 내 꿈을 돕는 수호천사가 되어주는 것만큼 성공 가능성을 높이는 조건도 없을 겁니다.

많은 직장인이 회사 안에서 꿈을 이루려는 것을 부끄럽게 생각하는데, 그처럼 어리석은 생각도 없습니다. 하루 24시간의 절반 이상을 보내는 회사 안에서 꿈을 이루려는 것이야말로 가장 실현 가능성이 높은 계획입니다. 회사 일을 먹고살려고 이쩔 수 없이 하는 시답잖은 일로 여기면, 회사 일에 쏟는 내 인생의 절반도 시답잖은 것이 됩니다. 가장 많은 시간과 노력을 투자하는 일이 시답잖은데, 많아야 겨우 몇 시간만 투자하는 회사 밖 꿈이 제대로 이뤄질 리가 없지요.

회사에서 꿈 이야기를 할 때는 절대 회사 밖 꿈을 말해선 안 됩니다. 만약 윗분이 당신에게 꿈이 뭐냐고 물었는데 떠오르는 답이 없다면 무조건 이렇게 말하세요. "우리 회사 사장이 되는 겁니다." 이 말은 사장님이 들어도 기특해하는 모범 답안이거든요. 회사 밖으로 한눈팔지 않겠다는 약속이자, 회사와 함께 성공하기 위해 열심히 일하겠다는 맹세의 의미를 담고 있기 때문입니다. 서양에서도 보스의 질문에 "나는 당신과 오래도록 조화를 이루며 일하겠습니다(I will work with you harmoniously for a long time)"라는 맹세의
말로 답한다면 모범 답안입니다.

'방장부절(方長不折)'이라는 말이 있습니다. 한창 자라는 나무는
꺾지 않는다는 뜻으로, 미래가 밝은 사람은 방해하지 않는다는 의
미를 담고 있습니다. 윗분의 마음이 이와 같습니다. 그러니 앞으로
윗분이 꿈이 뭐냐고 물으면 회사 안에서 이루고 싶은 꿈과 포부를
밝혀보세요. 가능하면 원대할수록 좋겠지요. 돈이 드는 일도 아닌
데 스스로 꿈을 축소할 필요는 없으니까요. 윗분을 내 꿈의 조력자
로 만드는 것, 결코 어렵지 않답니다.

누가 오래가는가

보스와 통하는 47가지 직장병법

1 독서망양(讀書亡羊) 글을 읽는 데 정신이 팔려서 먹이고 있던 양을 잃었다는 뜻으로, 한눈을 팔다가 낭패를 봄을 이르는 말.

2 간발이즐(簡髮而櫛) 머리카락을 한 가닥씩 골라서 빗는다는 뜻으로, 쓸모없는 일에 정성을 쏟는다는 의미.

3 진적위산(塵積爲山) 날아가는 먼지도 모으면 산이 될 수 있다는 뜻으로, 작고 사소한 것도 소홀히 하지 말라는 의미.

4 세답족백(洗踏足白) 상전의 빨래를 해주느라 종의 발꿈치가 깨끗해진다는 뜻으로, 남을 위해 한 일이 자신에게도 이득이 됨을 이르는 말.

5 공도동망(共倒同亡) 넘어져도 같이 넘어지고 망해도 같이 망한다는 뜻으로, 운명을 같이함을 이름.

6 인비목석(人非木石) 사람은 목석이 아니라는 뜻으로, 사람이라면 누구나 감정과 분별력을 가지고 있음을 이르는 말.

7 각곡유아(刻鵠類鵝) 고니를 새기려다 실패해도 거위와 비슷하게는 된다는 뜻으로, 성현의 글을 배우면 그것을 완전히 익히지는 못해도 최소한 선인은 될 수 있음을 의미.

8 하학상달(下學上達) 아래를 배워서 위에 도달한다는 뜻으로, 낮고 쉬운 것을 배워서 깊고 어려운 것을 깨닫는다는 의미.

9 합본취리(合本取利) 밑천을 한곳에 모아 이익을 챙긴다는 뜻으로, 주변의 사람이나 자원을 활용해 성과를 냄을 이름.

10 개관사정(蓋棺事定)

관 뚜껑을 덮은 후에야 일을 정한다는 뜻으로, 사람이 죽은 후에야 비로소 그 사람에 대한 평가가 제대로 됨을 이르는 말.

11 양금택목(良禽擇木)

좋은 새는 나무를 가려 둥지를 튼다는 뜻으로, 어진 사람은 훌륭한 임금을 가려 섬김을 이르는 말.

12 백두여신(白頭如新)

머리카락이 희어지도록 오래 사귀어도 새롭게 보인다는 뜻으로, 마음이 맞지 않는 사람은 아무리 오래 알아도 친해지기 어렵다는 의미.

13 원교근공(遠交近攻)

먼 나라와는 친하게 교류하고 가까운 나라는 공격으로 굴복시킨다는 병법으로, 인간관계에 적용될 때는 가까운 사람을 공략하기 위해 먼 사람을 활용한다는 의미.

14 고굉지신(股肱之臣)

다리와 팔같이 중요한 신하라는 뜻으로, 임금이 가장 신임하는 신하를 이르는 말.

15 능자다로(能者多勞)

재능 있는 사람이 남보다 더 수고한다는 뜻으로, 능력이 있는 사람일수록 더 많은 일을 하게 됨을 이름.

16 줄탁동시(啐啄同時)

어미 닭과 병아리가 동시에 알을 쫀다는 뜻으로, 두 사람의 인연이 어느 기회를 맞아 무르익는다는 의미.

17 대차무예(大車無輗)

멍에를 고정시키는 쐐기가 없는 큰 수레라는 뜻으로, 신용이 없는 사람을 비유함.

18 불립문자(不立文字)

깨달음은 마음에서 마음으로 전하는 것이므로 말이나 글에 의지하지 않고 인간의 마음을 꿰뚫어서 본성을 보아야 함을 이름.

19 정출다문(政出多門)

정사(政事)가 나오는 문이 많다는 뜻으로, 문외한이면서 정치에 대해 아는 체하는 사람이 많음을 이름.

20 등루거제(登樓去梯)

누상에 오르게 해놓고 사다리를 치워버린다는 뜻으로, 처음에는 이롭게 하는 척하다가 뒤에 어려움에 빠지게 함을 이름.

21 남원북철(南轅北轍)
수레의 끌채는 남쪽을 향하고 바퀴는 북쪽으로 간다는 뜻으로, 마음과 행동이 모순되는 것을 의미.

22 삼년불비(三年不蜚)
3년 동안 날지도 울지도 않은 새라는 뜻으로, 화려하게 비상할 순간을 위해 함부로 날지 않고 준비하는 자세를 의미.

23 지지자승(知之者勝)
확실히 아는 사람이 전쟁에서 이긴다는 뜻으로, 수박 겉핥기식 지식을 잘못 적용하면 오히려 화를 초래할 수 있다는 의미.

24 간불용발(間不容髮)
머리카락 한 올 들어갈 틈이 없다는 뜻으로, 치밀하게 준비하여 빈틈이 없음을 이름.

25 언근지원(言近旨遠)
말은 가깝고 뜻은 멀다는 의미로, 말은 알아듣기 쉬운데 내용은 깊고 오묘함을 이름.

26 개과불린(改過不吝)
허물을 고치는 데 인색하지 않다는 뜻으로, 잘못이 있으면 조금도 주저하지 말고 즉시 고치라는 의미.

27 군맹무상(群盲撫象)
장님이 코끼리를 더듬는다는 뜻으로, 자신의 좁은 소견과 주관으로 사물을 잘못 판단하는 것을 의미.

28 교룡운우(蛟龍雲雨)
비구름을 만난 용이 하늘로 비상한다는 뜻으로, 위기 속에 기회가 있고 난세에 영웅호걸이 나온다는 의미.

29 피리양추(皮裏陽秋)
사람의 피부 안 즉 마음에는 선악과 시비의 기준이 있다는 뜻으로, 입 밖에 내지 않지만 사람마다 나름의 속셈과 분별력이 있다는 의미.

30 전패위공(轉敗爲功)
실패가 오히려 공이 된다는 뜻으로, 실패를 성공의 거울로 삼으라는 의미.

31 우각지가(牛角之歌)
소의 뿔을 두드리며 노래한다는 뜻으로, 남에게 자신의 존재를 알린다는 의미.

32 화광동진(和光同塵)
빛을 부드럽게 하여 속세의 티끌과 함께한다는 뜻으로, 자신의 지덕과 재기를 감춰 속세와 어울린다는 의미.

33 자강불식(自强不息)
쉬지 않고 스스로 힘쓴다는 뜻으로, 목표를 위해 게으름 없이 최선을 다함을 이름.

34 치망설존(齒亡舌存)
단단한 이는 빠져도 부드러운 혀는 남는다는 뜻으로, 강한 자는 망하기 쉽고 유연한 자는 오래간다는 의미.

35 군유소불격(軍有所不擊)
공격하면 안 되는 곳이 있다는 뜻으로, 건드려서는 안 되는 상대의 부분이 있음을 이르는 말.

36 선례후학(先禮後學)
먼저 예의를 배우고 나중에 학문을 배우라는 뜻으로, 실력보다 예의가 우선이라는 의미.

37 승망풍지(乘望風旨)
망루에 올라가 바람결을 살핀다는 뜻으로, 다른 사람의 눈치를 보고 비위를 잘 맞춤을 이르는 말.

38 동공이곡(同工異曲)
같은 악공끼리도 곡조를 달리한다는 뜻으로, 재주가 같아도 사람마다 다른 작품을 만들어낸다는 의미.

39 삼인성호(三人成虎)
세 사람이 호랑이를 만들어낸다는 뜻으로, 거짓말도 여럿이 말하면 참말이 돼버린다는 의미.

40 인연생기(因緣生起)
모든 사물은 그 자체로 독립되어 있는 것이 아니라 여러 관계 속에 존재하고 있다는 뜻으로, 모든 인연은 이어져 있음을 뜻함.

41 언중유골(言中有骨)
말 속에 뼈가 있다는 뜻으로, 예사로운 말 같으나 그 속에 단단한 속뜻이 들어 있다는 의미.

42 온청정성(溫淸定省)
겨울은 따뜻하게, 여름은 시원하게, 밤에는 잠자리를 정하고, 아침에는 안부를 살핀다는 뜻으로, 윗사람을 섬기는 도리를 이름.

43 구이경지(久而敬之)
사람을 사귄 지 오래되어도 공경으로 대한다는 뜻으로, 오래된 사이일수록 예의를 지켜야 함을 뜻함.

44 제궤의혈(堤潰蟻穴)
개미구멍으로 마침내 큰 둑이 무너진다는 뜻으로, 작은 일이 큰 화를 불러온다는 의미.

45 약롱중물(藥籠中物) | 약장 속의 약이라는 뜻으로, 꼭 필요한 인물을 가리킴.

46 신언서판(身言書判) | 중국 당나라 때 관리 등용의 네 가지 기준이었던 신수, 말씨, 문필, 판단력을 이름.

47 사면춘풍(四面春風) | 사면이 봄바람이라는 뜻으로, 언제 어떤 경우라도 좋은 낯으로 남을 대함을 이름.

KI신서 6722

누가 오래가는가

보스와 통하는 47가지 직장병법

1판 1쇄 발행 2016년 11월 15일
1판 3쇄 발행 2017년 5월 15일

지은이 문성후
제목 최인아
펴낸이 김영곤 **펴낸곳** ㈜북이십일 21세기북스
출판사업본부장 신승철
책임편집 김수현 **출판기획팀** 윤경선 **교정** 고나리
디자인 씨디자인: 조혁준 함지은 조정은 김하얀
영업 이경희 이은혜 권오권 **마케팅** 김홍선 최성환 조윤정
홍보 이혜연 최수아 홍은미 백세희 김솔이
제작 이영민
출판등록 2000년 5월 6일 제406-2003-061호
주소 (우 10881) 경기도 파주시 회동길 201(문발동)
대표전화 031-955-2100 **팩스** 031-955-2151
이메일 book21@book21.co.kr

ⓒ 문성후 2016

ISBN 978-89-509-6722-2 03320

(주)북이십일 경계를 허무는 콘텐츠 리더

21세기북스 채널에서 도서 정보와 다양한 영상자료, 이벤트를 만나세요!
북이십일과 함께하는 팟캐스트 '[북팟21] 이게 뭐라고'

페이스북 facebook.com/21cbooks **블로그** b.book21.com
인스타그램 instagram.com/21cbooks **홈페이지** www.book21.com